智元微库
OPEN MIND

成长也是一种美好

不止金钱

提高决策胜率的投资指南

周玖洲　徐涛　著

人民邮电出版社

北京

图书在版编目（CIP）数据

　　不止金钱：提高决策胜率的投资指南 / 周玖洲，徐涛著. -- 北京：人民邮电出版社，2025. -- ISBN 978 -7-115-66726-7

　　Ⅰ. F830.59-62

　　中国国家版本馆 CIP 数据核字第 20252RD531 号

◆　著　　周玖洲　徐　涛
　　责任编辑　张渝涓
　　责任印制　周昇亮

◆ 人民邮电出版社出版发行　　北京市丰台区成寿寺路 11 号
　　邮编 100164　　电子邮件 315@ptpress.com.cn
　　网址 https://www.ptpress.com.cn
　　天津千鹤文化传播有限公司印刷

◆ 开本：880×1230　1/32
　　印张：8　　　　　　　　　　　　2025 年 5 月第 1 版
　　字数：160 千字　　　　　　　　2025 年 5 月天津第 1 次印刷

定　价：59.80 元（附小册子）

**读者服务热线：（010）67630125　印装质量热线：（010）81055316
反盗版热线：（010）81055315**

让钱包和生活都充满确定性

你好，我是周玖洲，一名专业的投资人。

我先简单介绍一下自己。我从北京大学带着经济学和社会学两个学士学位毕业后，在知名的公募基金公司、私募基金公司和投资银行工作过，到现在有十几年的投资经验了。

我既做过海外股票的投资，也做过人民币普通股票（以下简称 A 股）的投资。我的投资经历稍微有点不同。刚工作时，我先从事的是海外股票的投资。那时候的俄罗斯、印度、巴西等地作为新兴市场发展得非常快，我置身其中，领略了世界之大以及当地绝美的风景。当时我投资比较多的是俄罗斯市场，这听起来可能算是比较另类的投资了。

之后，我转战 A 股市场，经历了私募基金的快速成长时期，先做过好几个行业的投资经理，后来加入了一家头部的投资银行，继续做投资，直到离职创业。

这样的自我介绍一出来，你可能以为我会在这本书里单纯地介绍如何炒股票、买基金，其实并不是。这本书的原型是一档播客，后来因为还挺受欢迎，很多听众说如果有图书的版本更好，所以它才成了你现在看到的这本书。我也先分享一下我最初的想法是怎么来的。

2023 年的一天，我去了播客公司"声动活泼"的办公室，和"声动活泼"的创始人徐涛闲聊。顺便提一句，她是我在北京大学的校友，也是从业将近 20 年的资深记者，在纽约和旧金山都当过驻外记者。

我们提到，当下，全世界都正在经历巨大的不确定性，变化太多而且太快。我提出一个观点：不确定就是常态。专业投资机构其实就是在做一件事——提炼出方法和工具来识别风险、应对不确定性，而且这种思维框架已经被深深地刻在我的脑海里，被我应用在工作和生活中了。

我还随手在白板上画了一张投资坐标图，向徐涛展示了基础的思考框架。我没想到徐涛一下子就来精神了，她指着这张坐标图问了我一大堆问题，然后说，**这些方法论他们投资外行也应该知道一些，它们都是用来识别和抵抗风险的好工具，说不定也能被用到日常生活和工作中的各种决策上。**她还提议，我们可以一起做一档播客来介绍这些内容。

我后来仔细想了一下，徐涛说的有道理，而且可行。很多时候，我们并没有意识到自己或多或少已经在做投资了。当把一元钱放进余额宝、微信钱包或者银行理财里时，我们就已经在做投资了，只是没有搞清楚自己投资了什么，也没有觉察到风险可能是什么。比如，投资货币基金，这总算是安全的吧？其实它也会亏钱，而那些看似安全、低风险的银行理财产品同样也可能让我们亏钱。

如果没有意识到自己已经做出了存在风险的投资行为，我们就没有办法保护好自己。

更进一步说，在日常生活中，我们天然就是一个个投资人。金钱上的投资是狭义的，此外还有更广义的投资。

我们的时间、精力都是有限的。我们在日常生活中做某些事情的目的，就是希望投入有限的精力和时间去获取更多的回报，比如：把时间投入某个工作，可能是因为我们想要更快地升职或加薪；把时间分一些给健身，是在投资我们的身体健康；如果我们找到一位伴侣，并尝试与对方更好地相处，就是在投资我们未来的幸福。

因此，哪怕完全没有投资的经验，我们每一天其实也都在做投资。**完全可以这样说："生活处处是投资。"**

我们再看一下周围环境。每个人都面临着高度的不确定性，也都需要更多方法和手段来规避这些不确定性。比如，刚过去的这几年，许多"活久见"①的事情就这么发生了，更不用说现在的技术迭代太快，比如人工智能的进化，说不准

_____

① 网络用语，指活得久了，见的怪事也多了。——编者注

哪一天我自己所在的行业就因此被颠覆了。

而如果有一些好用的技术工具，那么我们为什么不把它们迁移过来，以应对投资中的风险呢？我想做的不是讨论怎么炒股票，而是**把专业投资机构用来避险的方法论，总结成人人都能用的决策工具箱。**

这个工具箱不仅可以帮我们更好地进行个人投资理财，而且能回答一个问题：面对生活中越来越多的不确定性，我们该如何识别风险，做出更好的决策？这也是我把这本书和相关播客都命名为"不止金钱"的原因。

当然，我之前的工作经验正好也可以拿来用。我在头部的投资银行、头部的公募基金公司和私募基金公司都工作过，这三段经历让我学到了不同机构的方法论。我既了解二级市场的股票投资是怎么做的，也理解一级市场的股权投资和风险投资，尤其是其底层思维框架。我还把它们是怎么结合具体工具使用的总结进了本书。

我经历了国内股票市场的三轮牛熊变化，在海外资本市场也经历过战争对投资市场的冲击。当时是 2014 年，我非常真实地看到了风险爆发的样子。这些独特的经历都让我对不确定性有着深刻的体会和感悟。

同时，因为对社会学有浓厚的兴趣，所以我平时喜欢把生活和投资放在一起去思考，寻找不同的角度琢磨跨领域的事情，也会在投资工作中寻找可迁移的方法论和能力。慢慢地，一些投资的框架和方法也就成了我自己底层思维的一部分。在这本书中，我详细地把这些内容梳理了出来，希望和你一同讨论。

这些内容的出发点依然是我的能力圈，也就是专业投资机构的方法论，它们可能是投资机构内部的一些工具，也可能涉及一些更具体的做法和案例，但我尽量不用那些晦涩的金融术语。我知道这些术语听起来非常厉害，但它们容易让人听得"云里雾里"。

我想写出来的是易懂且有实际价值的内容。你可能会问："为什么不直接告诉大家投什么最好，或者指点一下大趋势、大变局？"其实，在我们构建底层思维框架之前，这些内容恰恰是我们最难辨别真假的。

而我会基于底层思维框架，把专业投资机构在实践中使用的有共性的工具提炼出来，看看对我们普通人而言，哪些工具是可以借鉴的，或者简化之后是我们能够直接上手用的。

我也可以先"剧透"一下我总结了哪些工具，比如作为**我们的基础思维框架的投资坐标图**，以及应对信息爆炸的**指南针**，还有**认知识别器**以及**遇到风险时的自救指南**，等等，我希望这些工具能够组成一个实用的工具箱，你在需要时可以立马用上。

你可能会说："你说的一堆工具、一堆名词，我都没听明白。"不用着急，在后文中，我会一一对它们进行详细解释。有了这些工具，我们在认识投资和理财时，就能有更清醒的风险意识。

当然，专业投资机构的做法肯定不会都对，也不一定都适合我们普通人，我们可以实话实说，看看它们的做法有什么不尽如人意的地方。**我们的目的是既知其然，也知其所以然，而不是抛出一个结论或答案，然后人云亦云。**

此外，我还会尽量在每一部分的结尾用一些篇幅，和你聊一聊这些方法是否能被用到我们的生活中，这或许能让我们在做生活中的一些重大决策时有一些新的视角。比如，当我们要换工作时，我们是否可以有条不紊地做判断？或者，在别人提出我们很难拒绝的建议时，我们怎么知道是应该接纳还是不去理会？毕竟，投入一份新的工作，或者做一个全新的选择，都是一种投资，只不过我们投资的是时间和精力。

最后我想说，**我的初心是让你在看完这本书后，不论打算做什么，都能用工具箱里的这些工具保护好自己：在接触投资时，你能识别风险，做出更好的投资决策；在日常生活中需要做出重大决策时，你也能以更好的方法和更大的勇气去面对未来的各种不确定性。无论你是对个人投资和理财有兴趣，还是只想了解这些工具来应对当下的情况，你都适合阅读本书。

本书**还设有附录**，以回答我们在日常生活中常见的投资问题，比如：我们平时最容易接触到的投资方向是什么，有什么风险？保险作为理财产品，它到底值不值得买？……

在这个变幻莫测的时代，让我们一起来探索应对风险的方式，能进行更安全的个人理财，也能做出更好的生活决策。让我们开始——不止金钱。

目 录 CONTENTS

01

充满不确定性的
世界中的求生法则

这个世界上的不确定性实在太多了，让我们有点应接不暇。不过在投资领域，这就是常态。做投资的人时时刻刻都在面对不确定性，而且，这种不确定性到来时真的非常"要命"。可能有人会觉得这个说法太夸张了，那我们先看看两个同样发生在 2021 年的故事。

2021 年的两个故事

第一个故事算是一个"见证奇迹的时刻"。2021 年有一则热点新闻：A 证券公司有位投资人在 2008 年投入 5 万多元炒股，结果她的本金翻了 100 倍。

这个投资人是不是很厉害呢？并不是。她是一位 67 岁的、压根不懂投资的阿姨，之前一直在国外，不太关注国内市场，以至于把账户密码都给忘了，无法操作账户。回国后，只是为了重置密码的她去了一趟 A 证券公司柜台，结果在工作人员帮她登录账户后，这位阿姨傻眼了——之前的 5 万多元，现在变成了 500 多万元。这跟中彩票有什么区别？可以说完全没有区别，因为都是选对了一组数字代码。据当时在现场的人说，这位阿姨喜极而泣，然后很开心地开通了创业板、科创板、可转债等其他新的业务功能。我想，工作人员肯定也很激动，因为自己莫名地收获了一个大客户。

第二个故事也同样发生在 2021 年。

2021 年 3 月，有一个叫比尔·黄（Bill Hwang）的对冲基金经理，创下了人类历史上个人投资者单日亏损的最高纪录。要亏到什么程度才能配得上这个纪录呢？他在一天之内就亏掉了 100 多亿美元——注意，货币单位是美元，合人民币 700 多亿元。要知道，在 2021 年年底，小红书的最高估值也只有 200 亿美元，也就是说，这个人一天就亏掉了"半本小红书"。

你可能觉得比尔·黄是一个非常莽撞的人，但他其实是一位资深的专业投资人，非常聪明，年轻时就在大名鼎鼎的老虎基金工作，师从对冲基金领域"教父"级别的人物朱利安·罗伯逊（Julian Robertson）。罗伯逊很欣赏他，2000 年，罗伯逊关闭老虎基金，同时拿出约 2500 万美元给比尔·黄，让后者成立自己的基金。投资圈称这种被"教父"选中的人物为"小老虎"。

比尔·黄这只"小老虎"一直做得不错。然而，到了

2021 年 3 月，他就碰上了意外。当时美国对来自中国的上市公司出台了一系列限制性政策，导致大量海外资金开始疯狂出售中国股票。那时，中国概念股（以下简称"中概股"）的价格开始连续暴跌。比尔·黄恰好非常激进地重仓了中概股，而且他胆子还挺大的，用了非常高的杠杆，也就是借了很多钱炒股，这才引发了一天之内亏损 100 多亿美元这么离谱的事情。他不仅损失了个人的全部财富，还被美国证券交易委员会以证券欺诈、操纵市场等严重罪名起诉。

因为比尔·黄是韩国裔，同时他通过日本券商来借钱进行交易，所以当时有人将这个故事总结为，一个韩国人通过日本券商在美国市场交易中国股票，并创下全球单日亏损最高纪录。

在这两个故事中，一个主人公是外行却赚钱了，另一个主人公是内行却亏钱了，结果对比起来看还真是挺耐人寻味的。

在其他专业领域，外行做得通常不可能像内行一样好。比如，因为你知道让我拿手术刀做手术几乎没有成功的可能——我只会拿菜刀切菜，所以你肯定会找一个专业的外科大夫来做手术。但在这两个故事里，恰恰是什么都不懂的外行阿姨赚到了钱，而比尔·黄这个优秀的专业投资人却血本无归。

　　投资的世界，门槛不高，谁都可以进来，而且身处其中的很多人都可能会有自己的高光时刻。可是，这个世界里的不确定出现得也是最密集的，它每天都会变样。有人说，投资的世界就是一个动物园，里面有"黑天鹅""灰犀牛"等各种"神兽"，它们就代表着风险和不确定性，许多投资高手也时不时会被这些"神兽"弄得晕头转向。

　　那么，在这样一个不确定性密集出现的世界中，投资是什么呢？

　　我总结了一个简单的定义：投资就是我们做出一连串决策，让自己在不确定性密集出现的世界里，尽可能提高做出更好决策的概率，争取不被风险"神兽"打败，同时获得更多的回报。

　　你可能会问："连比尔·黄这样的'小老虎'都能栽跟头，普通人又能做什么？"比专业度，我们肯定比不过比尔·黄；比运气，那位阿姨的运气更是可遇不可求。我相信，99%的人如果忘记了投资账户的密码，都不会像这位阿姨一样看到自己的账户多出几百万元。那么，对于投资，普通人是不是就束手无策了？

　　并不是这样的。一些前人总结的方法是可以被我们借鉴的。比如，很多和比尔·黄一样的专业投资人，同样会在这些不确定性中栽跟头，不过每次在有人栽跟头之后，这个行业中的其他人都会总结一些经验教训。专业投资机构逐渐形成制度和规范的过程，就是其在不确定性中寻找确定性的过程。

专业投资机构的求生法则

专业投资机构通常有三个不同的支持系统，也有相应的制度化保障，以支持其做出完整的投资决策。

第一个支持系统是研究系统。

专业投资机构往往会建立专门的投资研究团队，让一群职业分析师来做研究。这个团队可以只有几个人，也可以有近百人，而且他们会按照行业进行分组，比如分成消费组、医药组、化工组等。这样的分组，会让投资研究团队对特定行业的研究力度更大。比如，在我以前工作的机构里，某个研究小组对某重仓股的深度研究时间可以长达两三个月。通过这样的研究，专业投资机构就提高了自己的专业认知。

第二个支持系统是交易系统。

一提到交易系统，你脑海里浮现出的场景很可能是电影中经常出现的画面——像足球场一样大的办公室里放着一排排计算机，一些穿着马甲的交易员拿着电话又喊又叫，像在菜市场里一样。但我说的交易系统可比这样的场景安静得多，我说的是基金经理的下单交易系统。虽然在下单交易系统上执行交易看上去只要单击鼠标就行了，但其实没有那么简单。把一次次交易经验沉淀下来，专业投资机构就会逐渐形成制度和流程。

在一个交易团队里，交易员是被隔离的，他们可能各自在一个透明的玻璃间里完成交易。被隔离的交易员一般只能按照指令交易，在交易时间内不允许受到外界干扰，要上交手机，接受类似半封闭式的管理。

交易指令由基金经理下达，他们通过下单交易系统把需要买卖股票的信息传递给交易员，如果要修改交易，基金经理必须重新走下单流程，不能口头沟通。我们当时的规定是，基金经理通过发固定格式的邮件下单，在紧急情况下可以打电话下单，但电话必须录音留存，还要补充一个说明文档。这种做法在机构里叫作合规留痕，能确保交易团队的一举一动都有迹可循。

我见过一些职业交易员，他们有一个共性，就是表面上看起来非常平静，跟他们聊上几句，会发现他们说话不紧不慢，语言逻辑也很严谨，和直接做投资研究的研究员差别很大。研究员在遇到股价波动时，通常热血沸腾，喜怒形于色；而交易员在看到股价波动时，内心则毫无波澜，只会去识别波动中的交易机会，严格遵守交易纪律，规定做什么就做什么。

你可能会有疑问：为什么要有两套系统？为什么研究员

不能同时负责下单和交易？

第一，因为合规问题，各项规定对交易操作做出了限制。第二，因为在交易时，交易员要避免出现急躁、激动、恐慌等情绪，一般需要冷静得像块冰，而研究员在做行业研究时则要热烈得像团火。专业投资机构通过两套系统，把做研究的人和做交易的人隔离开来，以避免后者在交易过程中随时可能会出现的情绪波动。

第三个支持系统是风险控制系统。

打个比方，如果研究系统是油门，风险控制系统就是刹车。风险控制团队也是一个被隔离的独立团队。我们能隔着玻璃看到交易员，但我们平时看不到风险控制人员。风险控制人员不仅具有风险控制经理的资质，还有一套自己的信息技术系统，这套支持系统能帮他们跟踪识别各种风险指标。这些指标往往异常复杂，由人来跟踪其变化是不可靠的。

风险控制团队有一个特点——"六亲不认"，其成员只会按照公司的风险控制标准限制投资，压根不会顾及其他团队的情绪、判断或预测。一旦其他团队判断有误，出现亏损，并接近了风险控制标准，他们就会打电话、发邮件，用各种各样的方式持续提醒相关人员。一旦有人触及风险控制标准，其交易操作在交易系统里就会自动被限制，没有转圜余地。

我自己就有这样的经历。当时，我没有及时看到风险控

制人员发给我的邮件，也没接到他们打来的电话，结果风险
控制团队的同事就火急火燎地跑来我的办公室，站在我桌子
前，当着所有人对我喊话，让我非常没面子。可以说通过这
个支持系统，专业投资机构想要控制"车毁人亡"的风险。

上述三个支持系统构成了一个体系。这是专业投资机构
为制度化努力的结果。有了制度化的保驾护航，我们才能让
某些事可控，而不总是让它们"随机波动"。

换句话说，**制度化不是为了掌控运气，而是为了掌握剥
离运气后剩下的东西。**

再把以上经验简单提炼一下，我们可以掌握的东西至少
有两个。

第一个是专业的信息和知识，第二个是情绪和理性。

由此，我总结了一个公式：**一个投资决策等于专业认知
加上稳定的情绪，并且排除风险。**这三个要素就是我对投资
的理解。

我猜，在这三个要素里，"专业认知"你应该比较认同。

第一个故事里的那位阿姨，我估计当你发现她开通了创
业板、科创板、可转债等投资功能时，你还是会为她担忧的。
如果她什么都不懂，就贸然把赚到的 500 万元投到新的领域
里，很难说再过三五年这 500 万元还能剩下多少。

对于"排除风险"，我猜你也比较认可。毕竟"市场有风

险，投资需谨慎"这句话不断出现在大大小小的各种广告里，你的耳朵恐怕已经听出茧子了。

这三个要素里最有意思的是"稳定的情绪"。

我们在直觉上肯定认为投资时情绪要稳定是有道理的，但有道理归有道理，在实际投资时，我们又不太能意识到情绪稳定的价值。其实，稳定的情绪在投资决策及生活中的权重应该和"专业认知"一样高。

就我自己的投资经历而言，情绪激动造成的问题还真不少。在情绪激动时，我们往往会觉得多等一天，好像天就要塌下来了。我印象很深的一个案例发生在我在俄罗斯做投资的时候。当地有一套电子支付系统，很多人跟我说，它就是俄罗斯的"支付宝"，大有前途，很多投资人抢着为这套系统投资。当时，我国的支付宝因为技术创新，在线上线下购物甚至缴费、投资、借贷时都能用，所以业务增长非常快，也非常受资本市场关注。因此，我一时激动，觉得这一定是一个好机会，在躁动的情绪里只做了一些非常基础的研究，就迫不及待地在它股价不断上扬时冲进了投资市场。

直到后来去俄罗斯做实地调研时，我才发现原来所谓的"俄罗斯支付宝"，和我国的支付宝完全不是一回事。在俄罗斯，满大街都摆着这家公司的自动取款机，就是我国银行门口的那种自动取款机。虽然这套电子支付系统有自己的电子钱包，但当时的俄罗斯人大多还在使用现金，不少人会从自动取款机中取了现金再去消费。这笔着急的投资，导致我付出了不菲的代价。

这就是情绪影响专业认知的例子。我们常听到一句话——投资是一个人认知的变现。但我觉得这句话其实没说全，**投资应该是一个人情绪和认知的变现。**

通过提炼专业投资机构的经验，我还有了一个小心得，那就是无论面对什么样的不确定性，**我们都可以进行拆分，看一看哪些因素不在我们的掌控范围之内，又有哪些因素是我们可以掌控的。**这个心得不仅可以在投资领域中使用，也适用于生活。这就像我们看待投资一样，乍一看似乎全凭运气，但仔细一想，又有应对的着力点。即使真的是"七分天注定，三分靠努力"，我们也要找出这三分来加强确定性。有了这样的思路，我们就更容易摆脱茫然无措的状态，从而找到生活中的"小确幸"。

当然，专业投资机构有一套十分复杂的系统，这套系统既能提高专业性，又有团队来控制情绪、应对风险。我们个人能不能把自己分成三份呢？大概率是做不到的。因此，我想提供一个简化版本的系统，让我们可以去搭建自己的框架。

02

投资坐标图

一张防止迷路的指南图

请准备好笔和纸，我们来画一张属于自己的投资坐标图吧。

绘制一张投资坐标图

前文提到，投资机构试图掌握的要素包括"专业认知""情绪"和"风险"。我们先不谈"风险"，看一下"专业认知"和"情绪"这两个要素在投资坐标图中如何体现。

首先，请在纸上画上十字相交的两条线。如图 2-1 所示，这就是一个简单的"投资坐标图"：纵轴代表"专业认知"，横轴代表"情绪"。它们划分出四个象限，我们的讨论主要集中在其中一个象限里。

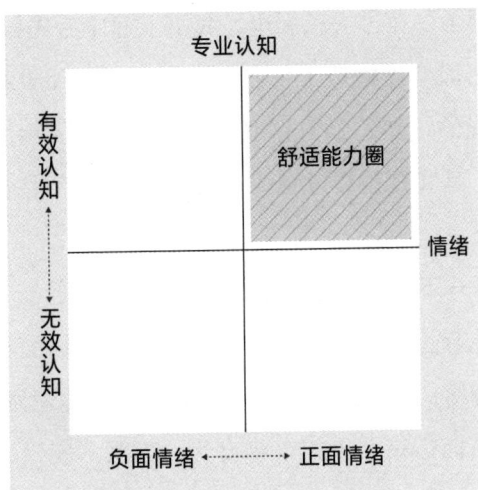

图 2-1 投资坐标图示例

先看代表"专业认知"的这条纵轴。

如果你对某个投资标的非常了解，就像知道自己钱包里还有多少钱一样，这就说明你对投资了解颇深，这种专业认知叫**"有效认知"**，处于纵轴的上半部分。

如果你对某个投资标的一无所知，那么你可以在坐标图的原点上进行标注，原点代表你什么都不懂。

有意思的是纵轴的下半部分。你或许会问：懂就是懂，不懂就是不懂，难道还有更差的情况？没错，更差的情况就是你自以为懂，但其实存在认知错误，包括错误的事实、片面的观点、错误的因果关系等。

举个例子，在过去三天里，我早上起床后先鼓励了自己，然后再去买股票就赚钱了，而且连赚三天。如果我把这个经验当作正确的认知，恐怕它就是无效认知，要标注在纵轴的下半部分。**其实在投资过程中，"自以为很懂"往往是最大的问题。**

再来看一下横轴，也就是"情绪"。

如果你有正面情绪，可以把它标记在横轴的右半边；如果你没有情绪，不悲不喜，云淡风轻，就把标记做在原点上；如果你有负面情绪，比如自怨自艾、焦躁不安，那就让标记落在横轴的左半边。

现在关键来了，请看向这个坐标图的第一象限，也就是坐标图的右上角。

纵轴的上半部分代表你对某个投资标的具备"有效认知"，横轴的右半边代表你在投资时有着稳定的正面情绪，二者重合的区域就被称为你的**"舒适能力圈"**。

乍一看，它和你平时了解的能力圈可能有一点不同。在平时讨论能力圈时，我们更多考虑的是专业技能。

在日常生活中，有没有什么事情是我们本来可以做得很好，却因为情绪很差，最后做得一塌糊涂的？肯定有。最常见的就是演讲。比如，我们可能已经将稿子背到烂熟于心了，却在上台后非常紧张，怕被别人笑话，手心也开始冒汗，结果把词全忘了。

情绪一旦不对，动作就容易变形，投资也是这样的。

当我们处在第一象限时，决策成功率会更高，专业认知会被稳定的正面情绪放大；而如果处在其他几个象限，我们陷入困境的概率也会变得更高。

专业人士如何拓展"舒适能力圈"

在专业投资机构里，基金经理和资深分析师每天做的事就是不断拓展自己的"舒适能力圈"。

首先，他们最基本的日常工作就是拓宽"有效认知"的边界。

前文提到，专业投资机构会搭建一个规模不小的研究团队，这个团队里的每一个人都术业有专攻，是某个领域的"硬核"专家。比如，你是一名医药研究员，那么你90%的时间都要花在研究特定的几家医药公司上。

同时，随着有产业经验的从业人员越来越多，研究深度自然也加深了。

以前很多基金经理和分析师都像我一样，学的是经济学、金融学，教育背景比较泛化。现在，基金经理和分析师的教育背景更专业了，他们也有很多实践经验。比如，有些专注于投资医药的基金经理本身就有医学背景，可能是医学博士，甚至在医药企业工作过，负责过新药研发；再比如，研究互联网的分析师原来就在腾讯、阿里巴巴等知名互联网企业工作。

总之，在专业投资机构中做研究，就是一个日积月累的过程。我们要不断拓展自己"有效认知"的边界，也就是第一象限的纵轴长度。

我自己的研究就是从医药行业开始的，之后拓展到消费行业，后来又增加了科技行业，最后我的研究领域变成了医药、消费和科技。

可以看出，**在专业投资机构里拓展"有效认知"，是一个由点及面的过程，先把点做深，再把点做成面。**

前文介绍的是"有效认知"，接下来讨论"情绪"。

专业投资机构中的人每天都在和情绪作斗争，评价一个专业投资人是普通还是出类拔萃的标准有时就是情绪的激烈程度。

以一个真实故事为例。故事发生在 2015 年 4 月，距离彼时即将发生的"股灾"只有两个月。当时市场还处在狂升阶段，我入行不久，兴奋得很，一直在使劲买股票，一个月赚了本金的 30% 以上。而我有一位非常资深的、在股市里"浸泡"了十几年的同事，做了一件让我到现在都觉得石破天惊的事。他给大家发了一封信，说该清仓了。他说这个市场的狂热程度已经超出了他感受的极限，他每天看到股价上涨都觉得很不舒适，在情绪上已经无法忍受现在的情况，因此他要以此为证，今天清仓，说到做到。后来他还告诉我，他甚至想把这段话贴到公司的墙上，但怕我们不仔细看。这说明当时他对自己的负面情绪已经非常确信了。确实，不久之后，市场崩盘了。

这位前辈的高明之处不仅在于他对市场有深刻的分析，还在于他对自己有清醒的觉察和感知，一旦跨出正面情绪的边界，就及时停下。

我们学习并使用过很多应对风险的工具，但其实应对风险最直接的方法就是走开。

可惜，这个世界上并不是每个人都能够像他那样管得住自己的。比如在某个阶段，我们会听到专业投资人都在嚷嚷"市场太疯狂了"，其中一些人会暂时放手，收拾完行李就去滑雪、徒步、放空；但还有很多人欲罢不能，在市场里试图"吃完每一口肉"。其中的差别不仅仅是专业技能上的，更多还是情绪把控上的。

我甚至和朋友开玩笑说，要敢于示弱。我们经常听到别人说，要走出舒适圈才能挑战自己。**投资恰恰相反，就是要待在舒适圈里，而且必须在情绪上示弱。**

示弱不丢人，它既是一种自我认知，也是寻找"舒适能力圈"的必要过程。

我不是没见过不服输的人，我自己以前也会和情绪进行对抗，把焦虑、担忧、愤怒都当作要战胜的对象，但其实这些情绪都是内化的，不能战胜，只能共存。

把"舒适能力"用到生活中

前文提到的这张投资坐标图不仅可以被用在投资上，也可以被用在生活中的很多方面上。比如在选择专业、选择工作、决定要不要结婚时，其实我们都可以使用同样坐标图。不在"舒适能力圈"里做出的决策，往往会让事情朝着预想不到的方向发展。

我们先看一看专业能力和认知在线，但情绪跟不上的情况。

比如，在准备跳槽时，我们仅仅考虑专业是否对口是不够的，还要去看新团队的氛围、同事的性格、和公司领导相处的感受，这些都会影响我们的工作情绪。如果这个决策碰巧落在"舒适能力圈"之外，就意味着我们每天都要在心烦的环境中工作，在这种情况下，即使公司给了我们一个舞台，我们也没法跳好舞。

我身边就有过类似的案例。我的一个朋友创办了一家教育公司。她对素质教育非常有经验，专业能力一流；但因为在创业公司里会碰到各种琐碎的事，所以从某一天开始，她一到办公室就好像背上了一块大石头，连呼吸都困难起来了，情绪也很低落。这导致她精力涣散，总在自己特别熟悉且有经验的地方犯错。后来，她终于决定离开公司，开始练习瑜伽。由于本身有很不错的瑜伽功底，她不仅情绪修复得很快，还对瑜伽着了迷，甚至做起了瑜伽创业项目，一直坚持到现在。我不能说她之后一定会一切顺利，但她可以愉快地坚持下去，就说明"专业认知"和"稳定的情绪"对成功来说缺一不可。

我们再来看一下情绪稳定，但认知不足的情况。

假如某一天你遇到了一个人，你对他一见钟情，想立马和他结婚。此时，你有着正面情绪，但如果认知不充分，你就不是在"舒适能力圈"之内做决策了。这时，你要停下来，多问自己几个问题：我对这个人真的了解吗？这个人的人品怎么样？这个人在事业上和家庭关系上真实的样子是什么样的？这些问题的本质都是，你对这个人的认知是否足够深。

我们冲动购买股票的背后也存在类似的情绪。看到一只价格明天就要上涨的股票，觉得不买不行，可往往只有在复盘时，我们才会意识到当初可能连基本的研究都没做好。因此，无论决策大小，想要提高投入的回报，我们都需要找到自己的"舒适能力圈"。

你可能会问：现在坐标图是有了，但图上只有四个象限和几个简单的字，怎么去找所谓的边界呢？对此，后文中会有更详细的拆解。

我们界定了"有效认知"和"情绪"的边界，认知体系就会更有条理。

03

情绪雷达

聪明的决策为何要从识别情绪开始

如何确定有效认知和情绪的边界呢？

我们先从情绪说起，这需要调动一些想象力。

为什么做投资关注情绪如此重要

我想引用一句话："我们知道了很多道理，却依旧过不好这一生。"这句话形容投资行业尤其真实。现在各种与投资有关的内容都会从专业知识讲起，但我从业多年后的感受是：情绪和这些专业知识同等重要，甚至比这些专业知识更重要，却往往被一笔带过。说实话，在投资的世界里，情绪失控的案例一点都不少见。

讲一个有点尴尬的故事。我有一位同事是一位经验丰富的投资人，做错了好几笔交易，有一次没有控制住情绪，在办公室里抽自己耳光。你可以想象一下这个场面。我坐在工位上，突然听到对面传来啪啪的声音，出于尊重，我赶紧把头扭过去，假装没听到。

　　我还有一位朋友，他不是投资人，有自己的工作，但开始炒股之后脾气变得非常差，差到影响了家庭关系。他的家人还给我打电话，要我劝他不要炒股了。我是一个投资从业人员，却要告诉别人"炒股有害健康"，非常尴尬。

　　那我自己呢？我其实曾患上中度到重度的焦虑症，这没什么不好意思承认的，医生的诊断和治疗很好地帮我康复了，否则我可能还完全不自知。从业十几年，我自认为适应了市场的剧烈波动，但有段时间，我和焦虑情绪对抗得太久，明明超过了自己能承受的边界，却还在"疯狂试探"。那是种什么感觉？就是我晚上一闭眼，各种红色、绿色的数字就在我眼前飘来飘去，基本无法入睡。

　　在某部美剧描述的基金公司中，除了公司投资人和总经理，重要性排在第三位的人是一位心理咨询师，他专门负责解决每名员工的心理问题，用专业技能让这些员工从负面情绪中走出来。这并不是剧情设定，有些欧美公司中真的有这样的角色。

　　回到普通人的投资上，我只有一个建议：**在投资时，我们要时刻注意标注自己的情绪。**

正面情绪与负面情绪

　　回到我们之前画的"投资坐标图"上。图中横线的一端是正面情绪，另一端则是负面情绪。

标注负面情绪，并不意味着我们不接纳这些负面情绪。

事实上，我们一定要接受我们是非理性的、情绪化的这一点。这一点无论如何都无法改变。

即使是非常成功的投资人也经受过情绪的折磨，比如近100年前通过做空美股赚到1亿美元的杰西·劳伦斯顿·利弗莫尔（Jesse Lauriston Livermore），号称"史上最伟大的交易员"，他的人生终结于严重的抑郁症。

还有些人可能很自信，认为自己在工作中一向理性，又或者认为自己是非常严谨的工程师，因此在投资时也可以保持理性和冷静。但请相信我，**在和钱"玩游戏"时，你并不是自己想象中的样子**。我见过很多冷静理性且客观的人，一旦投身投资，情绪就变得起伏不定。

在这里我想推荐一本书，叫作《思考，快与慢》，作者是丹尼尔·卡尼曼（Daniel Kahneman），这本书的内容与心理学有关，但作者其实是一位诺贝尔经济学奖获得者。这本书讲述了人在做决策时，是如何被直觉、情绪和情感操控的。**所有的决策都会被细节影响，而我们不一定自知。**

举个例子，快餐店里播放的音乐一般是快节奏的，快餐店的装潢通常会采用红色、黄色等比较明亮的颜色，这会让我们不由自主地情绪高涨，加快吃饭速度，快餐店也就能让我们早点吃完走人。书中还有很多其他例子，我推荐你去看看这本书。

而且"负面情绪"并不是完全意义上的负面，它也有正面价值。比如我们认为紧张和压力大是现代人经常出现的"负面情绪"，但事实上，这种负面情绪在很多场合可以帮助我们。

回顾历史，我们的祖先还在丛林里生活时，这种情绪或许就无数次地帮助过他们。比如，我们的祖先在看到一只老虎时，肯定非常紧张，这时他们的大脑里会出现一场"压力风暴"：压力把信号传递给肾上腺，然后激素会调动全身各个器官，让心血管系统全速运转，等更多的能量被释放到全身后，呼吸会加速，身体会摄入更多氧气，肌肉细胞也会更加活跃，于是我们的祖先会跑得更快，有更大概率逃命成功。

在现代社会中，这种情绪也一样会帮助我们。比如，如果第二天我有一个很重要的结案报告要提交，时间非常紧迫，一想起公司领导那张严肃的脸，压力就会让我的肾上腺素飙升，大脑更加专注，全身更有活力，工作效率也更高。

但它也有副作用。在这种状态下，大脑不会要求我保持平静，因此我会变得脾气很坏，而且更有攻击性。当然这不是我的本意，这是写在基因中的自然反应。如果压力是短期的，那完全没有问题，写完结案报告之后我去吃一顿大餐，就能缓解我的紧张和焦虑情绪。

但不幸的是，压力是长期存在的。就像我患上焦虑症时，每一天、每一刻，压力都不曾消失。在所有的投资落袋为安之前，一切都充满了不确定性。

我们在什么情况下没有压力？就像前文提到的那位赚了钱的散户阿姨，她把账户密码都忘了，发生了什么事都不知道，自然也就没有压力。除非我们也把自己的账户密码忘掉，否则大概率会长期受到压力和负面情绪的干扰。

因此，我们在投资坐标图上标记情绪的意义在于，先觉察自己的情绪，判断自己到底是非常焦虑还是正在恐慌，又或是很亢奋、很激动。如果我们发觉自己正处在负面情绪中，就先不要做决策，或者放慢做决策的节奏。这也是一种自我关怀。直白地讲，**宁愿先不做，也不要做出问题**。

如何觉察情绪

通常，压力大、极度焦虑、异常悲观这些比较极端的负面情绪比较容易被觉察，其中与焦虑有关的情绪甚至可以被度量。现在有一种比较成熟的焦虑自评量表，它是医生用于检测患者焦虑程度的重要手段之一，我之前也做过。这个量表在网上能找到，也能自测，你可以自行搜索取用。[①]

还有一种情绪与焦虑、悲观相反，也超过了正面情绪的边界，是危险的信号，那就是盈利之后的亢奋，以及随之而来的自我感觉非常良好。受这种情绪影响，我们会变得过于自负，行为更加冒进，很容易面临风险。

总体来说，以上这些情绪比较明显，容易被觉察。但更多时候，负面情绪是更隐蔽的。比如，我虽然现在没有亏钱，但心里隐隐有些担忧——可能是焦虑，又没那么严重，可是我根本无法准确地描述这种情绪状态。

如何标注这种处在中间状态、可上可下、可大可小的情绪？这就需要跨领域的借鉴了。投资是一件综合性的事，只要是好的工具，都可以借用。

这里我要分享的就是教育行业的做法。

现在很多小学有社交和情绪方面的教育课程。小朋友们不擅长表达自己的情绪，老师就让他们在不同颜色的贴纸里，挑选最能够表达自己情绪的一张，借此表达他们正处于什么情绪状态，老师也能进一步了解发生了什么事。

这个用颜色表达情绪的工具有扎实的理论基础，是由耶鲁大学教授马克·布莱克特（Marc Brackett）和波士顿的一

---

① 建议在医生、心理咨询师指导下进行，如自测结果不理想，请及时寻求专业人士帮助。——编者注

位教授詹姆斯·罗素（James Russell）共同开发的。他们在研究中发现，觉察情绪和表达情绪对人们来说都是非常困难的。我们会下意识地掩盖自己的情绪，尤其是羞于表达的负面情绪。

如何解决这个问题？他们用到了一个叫作"情绪计量器"的东西（见图 3-1）。

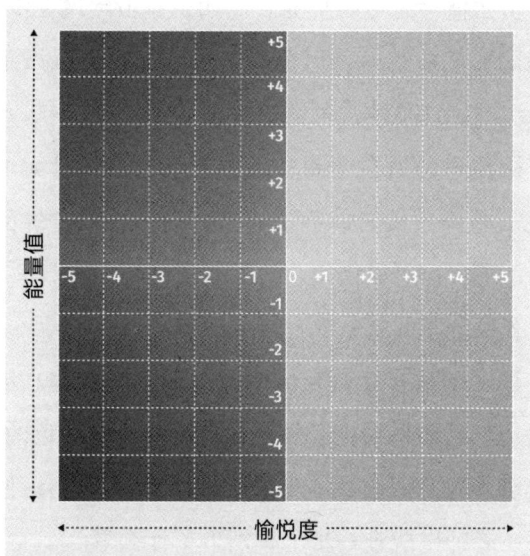

图 3-1 情绪计量器示例

在这个坐标图里，人的情绪分为两个维度，分别是"能量值"和"愉悦度"。

横轴代表"愉悦度"，简单来说就是从很不开心到很开心。

纵轴代表"能量值"，代表精力够不够充沛、有没有活力。

这样一来，坐标图就被分成了四个象限。如果"能量值"和"愉悦度"都很高，你就可以用明亮的黄色做标记，用**像晴空高照的太阳一样艳丽的黄色**。

如果"能量值"和"愉悦度"都很低，情绪就落在左下角的第三象限，它和第一象限正好相反。这时的你可能感到悲伤、抑郁，心情低落，没什么精神，你就可以用**像大海一样深沉的蓝色标记这个区域**。

说完了"双高""双低"，让我们来看剩下的两个象限。

一个是"能量值"很低，但"愉悦度"很高。这并不奇怪，这种情况其实在生活中经常出现，它表示你现在很平和、满足，但精力未必充沛；也正因为精神并不亢奋，身体会比较放松自在。我们用绿色标记这个区域，**就像一片我们能懒洋洋地躺在上面的绿色大草坪**。

反过来，如果"能量值"特别高，但"愉悦度"比较低，就表明你可能感到愤怒、恐惧，身体也比较紧绷，需要发泄出来。我们将这个状态标记为红色，**像涨红了的脸**。

现在我们有了一个直观的坐标图。在我看来，这个坐标图最重要的地方就是原点附近。我们在原点附近画一个小圆圈作为比较安全的区域，即情绪舒适区（见图 3-2）。

如果你的情绪在这个区域，那么即便你有一点点低迷或不开心，也仍处于正常的状态。毕竟我们也要允许自己有不开心、精神没那么好的时候。人总不能永远兴高采烈，对不对？

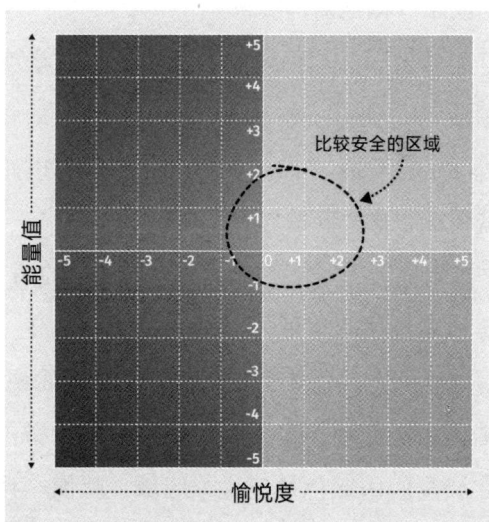

图 3-2　情绪计量器中比较安全的区域示意图

我对照这个坐标图做了自查。经历了过去两年投资市场的剧烈波动，按理说，我现在应该很悲观，但自查后我发现，自己只是偶尔有一些轻度焦虑，基本上通过读书、运动或看电影，就可以把情绪调整好。因此，我对自己情绪的判断是，大概还处在原点附近。

什么情况是比较危险的？假设你现在处于黄色区域，也就是坐标图的右上角区域。这个区域看起来能量值和愉悦度都非常高，但我反而觉得这是警示信号，你可能有些过度兴奋和乐观，进而容易行为鲁莽，忽视风险。这种偏离原点太多的情绪，也被我定义为投资里的不良情绪。

情绪波动对专业的投资人来说是一个挑战，不同的人有不同的应对方法。不过，如果你的情绪经常波动，一点点亏损都会让你特别难受，你几乎感受不到任何愉悦，那么我会建议你先别做投资，先看一看，学习和了解一下投资知识也未尝不可。并不是每一个机会我们都非抓住不可。**情绪不在原点附近时，我们宁愿不做投资。**

我们也可以把这张坐标图用于生活中的其他方面，用来标记我们的情绪。作为成年人，我们倾向于隐藏情绪，这其实是一种"压抑"的状态，因此我们要把自己的情绪标记出来，用颜色也好，用警告的话语也好，或者就像我之前提到的那位告诉大家该清仓的同事一样，把情绪告诉所有人。

一位朋友和我讲过他自己在日常生活中进行情绪觉察的故事。有一天她突然意识到自己和伴侣吵架的时间大部分是临睡觉前。她觉得这可能和能量值有关。睡前他们又累又困，能量值已经跃出了比较安全的区域，因此他们并不适合进行沟通，沟通中出现一点点小摩擦就会让双方情绪失控。

她后来和伴侣商量了一个方法，就是晚上睡觉前禁止讨论正事，只有在吃饱喝足之后，也就是情绪相对良好时才沟通严肃的事。不仅如此，他们还定了一个暗号，用来告诉对方："我的能量值很低了。"这样彼此就能明白对方并不是故意闹别扭，也不是真的生气，只是此时此刻情绪不在比较安全的区域内，可以先停止争论。

有意识地觉察情绪，对我们自己、我们的家人和周围的朋友都很有帮助，可以避免很多误会。

信息海洋的指南针

如何辨识和界定"有效认知"

至此，本书的内容要往硬核能力上延伸了。硬核能力是什么？硬核能力就是我们对"投资对象"的"有效认知"。

"有效认知"和"内幕消息"

我们常常高估自己对某个领域的了解程度。

先提一个简单的问题：我们知道一个东西是什么，是否就算对它有"有效认知"了？

比如黄金。我估计没有人不知道黄金是什么，就算有人没买过黄金，他大概也见过金戒指等物件。这算不算对黄金有"有效认知"？

这些"知道"其实都是隔山观海，是不能用来做投资的。

你可能还会问：是不是了解别人不知道的内幕消息就叫"有效认知"？

其实这是最让我头疼的问题，经常有人对自己投资的东西一知半解，却自称有内幕消息，甚至把我当成内幕消息的来源。这种做法我也能理解，大家觉得我是专业投资机构里的投资人，以为从我这里获得的消息就是所谓的"内幕消息"，以为这些是"有效认知"。对此我真的只想说："冤枉！"

在很多情况下，内幕消息只存在于大家的幻想中，**把内幕消息当作"有效认知"是有害的**。

第一，监管机构不是摆设，尤其是在大数据、信息技术加持下的监管机构。现在监管内幕交易的电子化手段越来越多，所有交易都会留痕，一旦有人进行了内幕交易，其付出的代价就是整个职业生涯甚至人生的坍塌。

第二，在重要的事情上，即使我们身处专业投资机构中，也不可能知道太多。即使投资人不注重合规问题，上市公司的法人也会在意合规问题。在交流时，上市公司的法人心里也有底线，有些问题你敢问，他们也不敢答。

第三，所谓内幕消息，假的多，真的少。如果公司管理层都有内幕消息，为什么不留着自己赚钱用，非要告诉你？

人无我有的"有效认知"

真正的"有效认知"是什么样的？有没有"人无我有，仅此一家"的认知？也不是不可能有，只是不容易获得。

我想用一个真实的案例来说明，这个案例后来也被拍成了纪录片，叫作《零股价》。2012年，在美国很有名的对冲基金潘兴广场（Pershing Square）公司里，一位名叫比尔·阿克曼（Bill Ackman）的基金经理做空了某公司。

这个纪录片之所以叫作《零股价》，是因为阿克曼认为这家公司本身就是一个大骗局，它的股价应该是零。

前文中提到一个词叫"做空"，就是利用股价下跌来赚钱。这种投资方式利用了一些金融衍生工具，股价下跌越多，做空的人赚的钱就越多。反过来，如果股价上涨，做空的人就会亏钱。我们先略过复杂的金融操作，说一下故事背景。

这家公司的主要产品是营养膳食补充剂，就是在药房里随处可见的蛋白粉、复合维生素等。阿克曼通过一系列研究发现，这家公司是通过分层传销的体系支撑销售的，并没有真实的销售过程，收入有造假嫌疑。简单来说，这是一家烂公司。因此，阿克曼公开宣布，这家公司的股价应该为零。他动用了大概10亿美元的头寸做空这家公司，还写了300多页的演示文稿（PPT），通过媒体报道、公开演讲来表达看法，制造舆论。

阿克曼差点就成了赢家。他做空这家公司以后，这家公司的股价暴跌了超过40%。但后来剧情突然反转，另一个资本大鳄站到阿克曼的对立面，支持这家公司，这家公司的股价又一路上涨。阿克曼最终亏损出局。

我们不去讨论阿克曼最终亏损的事情，只说在这个过程中，阿克曼是如何通过极其聪明精彩的手段来获得对一家公司的"有效认知"的。

阿克曼先把最容易接触到的公司相关数据全部梳理了一遍，比如公开的财务数据、财务报表、公司年报等。也是在这个阶段，他发现了这家公司在财务上的一些疑点。

与此同时，他需要更多的信息来验证这些疑点。这可不是我们想象中打两个电话那么简单的，他组建了由上百人组成的调查团队和律师团队，投入了上千万美元的费用。这个团队做了哪些事？

首先，阿克曼雇用了一些调查员，去各个社区披露该公司的内幕。他还向一些社区提供资金，寻找受害人，再把这些受害人的证词提炼成证据。

其次，阿克曼找人开设网站、散发广告、张贴通知、设立热线电话，从全国的各个渠道搜集线上反馈。

再次，他一对一访谈了该公司的前任员工和销售负责人，试图找出愿意提供信息的人，组成证据链。

最后，他还偷偷参加过该公司经销商的宣传大会，在现场拍了很多视频，包括传销培训的具体对话和具体流程。

在整个过程里，阿克曼拥有的不只是冰冷的财务数字，还有非常多元的信息源，包括前任员工、经销商、消费者、社区居民等。通过对这些信息和证据链的收集，他了解了这家公司从内到外的各种细节，还原出这家公司真实的运营模式。

正是在这种情况下，他才得出结论：这家公司采用的是并不合法的传销模式，而不是在财务报表里宣称的模式。我们可以说，他获得了"有效认知"，当然，他也为此花费了超出大众想象的金钱成本和时间成本。

说了这么多，我其实只是想告诉你，人无我有的"有效认知"确实存在，但要得到它并不简单。因此，我们也不应该轻信某些消息，并依据它们做出决策。这些消息大概率离"有效认知"还非常遥远。

识别"无效信息"和"无效认知"

说到这里，你可能还分不清哪些是"有效认知"，哪些是"无效认知"。

其实，通过上述案例，我们已经或多或少能总结出来，"有效认知"由两个元素组成：证据和逻辑。因此我们可以说，**"有效认知"= 证据 + 逻辑。缺少证据和逻辑，信息可能只是一个观点、一种感觉或猜测。**

既然我们了解了"有效认知"是什么，也就有了相应的方法来识别我们获取的信息中到底有没有"有效认知"。

第一个方法是：督促自己将在媒体上听到的、看到的信息区分为事实和观点。只有事实、证据和逻辑才能组成"有效认知"，而观点并没有那么重要。

借用一句话："我们听到的一切都只是观点，并不是事实；我们看到的一切都只是视角，并不是真相。"

例如，同样面对股票指数到了 3000 点的情况，有人会说，股价还会继续上涨；有人会说，股价不会上涨了，而会下跌。这些都是观点，而股票指数到了 3000 点是事实。我们可以搜索一下股票指数上一次到 3000 点时发生了什么，这也是事实，不会随主观判断而改变。

在投资中，专业投资机构的从业人员对事实和证据极其敏感。我在做研究员时，会和基金经理分析一些公司的情况。我发现，他们对自以为头头是道的分析并不感兴趣，但一听到具体数字就会双眼发光。

比如，你说这家公司推出了一个重磅新品，卖得很好，现在是千载难逢的机会，他们不会有什么反应。但如果你说，这个重磅产品本月的销售额达到了 2000 万元，比上个月增长了 200%，他们立马就打起精神了。他们知道你说的是事实、是数据，而不是观点，而数据才是值得关注的有效信息。

当然，并不说观点绝对不能听，相信某一观点的前提是观点背后有数据和逻辑支撑。如果缺乏数据支撑或者逻辑混乱，那么这个观点你听听就罢了。

第二个方法是：持续多问几个"为什么"，直到问出证据来。

这并不是我自己想象出来的方法，而是一个非常资深的投资高手教给我的。后来我观察身边很多优秀的投资人，他们的共性也是持续问"为什么"。问得足够仔细，就可以区分其中的事实和观点，再持续多问几个"为什么"，就能明白对方如何证明自己的观点，也就能知道他的事实和逻辑是什么。

我们还是用黄金举例。假设一个朋友推荐我买黄金，我肯定会问："为什么要买黄金？"他可能会说："因为黄金价格要上涨。"这时我继续问："黄金价格为什么会上涨？"他就会开始讲逻辑和事实。假设他说："因为要打仗了，全球格局混乱，黄金是避险品。"我可能还会接着问："为什么会混乱？"如果他的答案是："我读了几篇公众号文章，都是这样写的。"我就会明白，他的结论主要基于他个人的观点和猜测，背后并没有特别扎实的逻辑论证。

相反，假设我在问黄金为什么会涨价后，得到的答案是，他分析了 20 多年来的黄金价格数据，发现黄金价格和美国的实际利率呈负相关关系，而美国的实际利率正在走低，有相当大的概率黄金的价格会上涨。[①]这个答案里就既有证据也有逻辑了（证据是美国历年的实际利率变化和黄金价格变化的关系）。如果想验证这个答案是否正确，我就可以自己去找出这些证据做重复验证。

这就是我们持续问"为什么"产生的作用——帮助我们提炼出对方使用的证据和逻辑。

持续问"为什么"的方法，在生活中也有非常巧妙的作用。例如，我们在生活中经常会收到各种各样的建议和意见，但我们究竟是听还是不听呢？

更好的做法应该是在决定听不听之前，先问对方一些问题：你为什么提这个建议？是因为有相关经历吗？如果没有相关经历，这个观点又是如何得来的？有时候我们可能听起来像个"杠精"，但是很多建议和选择关乎自己的人生大事，"杠"一下也有必要。

这样一问，事实的颗粒度，也就是具体事实的清晰程度就能提升很多。只有提升了事实的颗粒度，我们才能分辨出证据是什么。**忘掉观点，找到证据。**

———————————

① 这只是举例，大家千万不要对号入座。

05

认知放大器

建立自己的"有效认知"

我们再往前一步，提出一个新问题：如果我们就是对投资标的一无所知，应该如何建立"有效认知"呢？

假设我们刚接触一个投资标的，如果使用前文中的调查方法，就既费时又费钱。我以前为了研究一家家电连锁企业，在一个月内就调研了该企业在二十几个县区的所有门店，从北京跑到江浙沪，耗时又耗力。最后几天，我觉得脚下有点异样，低头一看，发现皮鞋竟然走出了洞。

要获得"有效认知"并不容易，甚至让人有点头疼。先别急，专业投资机构在日常研究中，会用一些更简便的方法持续搜集信息，寻找证据。

那我们就"解密"一下，专业投资机构用哪些工具获取证据、用什么方法搭建逻辑，我们又能从中收获什么。

专业投资机构如何建立有效认知

专业投资机构中有专职的投资研究团队，团队成员少则三四个人，多则可以组两三支足球队。他们做的最重要的事情就是到处找信息，尤其是各种客观证据。**在面对海量信息时，他们要过滤信息的来源，选择高质量信息源。**

专业投资机构会从哪些地方获取信息呢？有个广为流传的说法是，某些投资高手在做投资时，使用的最关键的方法就是看"新闻联播"，把握实时政策动向。但这并不真实，在现实生活中获取信息的渠道远远不只有"新闻联播"。我总结了三个常用的获取信息的渠道。

第一，专业投资机构会花大价钱购买研究服务。向谁买呢？向券商。专业投资机构会向券商支付佣金，让券商的研究团队组织调研、提供报告等。你可能偶尔会看到某券商的首席分析师在媒体上和大家分享投资观点，没错，专业投资机构雇用的就是他们。他们主要为专业投资机构提供研究服务，有时也会利用公开媒体提升自己的影响力。

专业投资机构为研究支付的费用通常很高昂。2022年全国券商获得的佣金加起来有近190亿元，其中大部分是用来购买他们的研究服务和产品服务的。

第二，专业投资机构会花钱建立专家网络。这个渠道稍微有一点神秘，我个人接触得比较少，费用也不菲。请某个领域的专家核实信息时，一般按小时计费，一小时花费上千元。如果付费足够多，专业投资机构还可以和特定公司的管理层交流。

当然，通过这一渠道获取的信息并不具备独占性，只要愿意付费，谁都可以通过中介公司找到专家。很有意思的是，我还遇到过假专家。大部分专家都是匿名的，我通过声音和语言对比发现竟然有一个专家假装自己是不同公司的员工。这个渠道的陷阱是不是很多？

第三，自己干。这就是留出经费，亲自调研。原因很简单：不能无条件地相信别人。我以前工作时更喜欢和上市公司单独联系，一对一交流，绕开前面所有的第三方渠道，这样获得的信息可以算是真正的一手信息。不过这样做比较累，我为此出差的最高纪录是一年用 120 多天跑了 60 ~ 70 个城市。

最后，我再介绍一个新鲜事物，叫"另类数据"。"另类数据"是说这种数据不常见，却涉及"地上""天上"的事实。一个"地上"的例子就是电商销售数据。人们在淘宝、京东上买了些什么、买了多少，这些数据都可以被捕捉到。"天上"的数据有什么呢？比如卫星地图数据，我们可以通过海运轮船的运动轨迹，判断全球石油的运输交付情况；可以通过灯光遥感图，推测工厂开工的情况；还可以通过识别建筑物的大小、体积，来推测房地产、基建工地的开工情况等。这些数据听起来是不是真的很另类？

以上就是我总结的专业投资机构一些非常重要的获取信

息的方式。我可以再提炼一下，总结出其中值得关注的点。

第一，专业投资机构非常在乎信息的多元化。他们需要不同种类的数据。我们看到的只是一个角度的信息，而不是真相，因此我们需要更多的视角，交叉验证手上的信息。

第二，专业投资机构非常在乎信息的可靠性。他们要尽最大努力确保信息的来源足够可靠，这也是为此付费的原因之一。人们往往很难判断免费的信息是否可靠。同样地，研究团队自己调研的原因也是，第三方渠道可能不可靠。

为了实现信息的多元化和可靠性，专业投资机构投入了不少成本。前文提到，2022 年单是佣金就近 190 亿元，这还不包括调研费、差旅费、专家费等费用。一年到头，所有专业投资机构在信息获取和研究上大概会花费两三百亿元。

普通人可以如何借鉴

普通人不可能像专业投资机构一样"砸钱"，但是**可以用客观、可靠、多元这三个要素过滤信息**。

现在大家都喜欢刷短视频、朋友圈、公众号，我也有这个习惯，严谨的财经信息获取得越来越少，一天到晚看的都是大新闻、大事件、大趋势。其中有很多信息是经过二手加工的，并不可靠，数据也有问题，其创作者经常得到一个片面的数据就开始滥用。

那如果没有机构资源的支持，普通人该怎么办呢？

我把我自己筛选信息的方法给你做一个参考——**尽量找一手信息**。

比如我想了解某个行业，就只找在这个行业中有经验的朋友交流，这些经验都是可靠的，没有相关从业经验的人的意见我一概不听。那么，多元呢？我会多找几个朋友交流，这样就可以做交叉验证。**在交流时，聊完了观点，我一定会问相关数字。**

在没有一手信息的情况下，我会尽可能只参考严肃的信息源上的信息。

如果要看偏宏观的内容，那么我比较喜欢看《财经》，财经分析更严谨；如果要看行业信息，在行业协会的网站上一般可以找到某个行业的年度报告、统计数据。不少行业都有协会，比如互联网协会、黄金协会等，这些协会是我们获取信息的有效途径。虽然协会发布的信息都是二手信息，但审核会严格一点，也算有人帮我们筛选一遍信息了。我不会从公众号里找行业信息。

不可或缺的分析框架

在了解了一些可靠、多元的信息，也就是获得了"证据"

之后，如何获得"逻辑"呢？

在专业投资机构中，研究团队通常会分成不同行业组，每个行业组专注于各自的领域，他们会沉淀出一套非常细致的"行业研究框架"，还会定期开展内部培训。

什么叫研究框架？**使用所谓的研究框架就像剥洋葱，我们要一层一层向下剥，最终把洋葱的核心剥出来。**

我还是举例说明。

图 5-1 是一个黄金价格分析框架，来源是光大证券研究所，可以供你参考。我稍微解释一下。如果使用该分析框架的最终目的是理解黄金的价格如何变化，我们就要一层一层地把影响黄金价格的因素剥离出来：黄金作为一个商品，它的供给（产量）有多少，受哪些因素影响；它的需求又是怎么细分的，受哪些因素影响，把这些因素按照逻辑顺序归纳起来，最后就得到一张像树杈一样的框架图，所有枝杈的存在都是为了让我们理解黄金价格受哪些因素影响。而前文中的证据就对应了这个框架中的每一个因素。

第一次看到这张图时你可能会觉得看不懂，其实你也不用要求自己立刻就看懂，先感受一下研究框架长什么样就可以。研究框架可以很复杂，也可以很简单。这个黄金价格分析框架算是一个复杂案例，因此你看不懂它也不意味着你无法学习其他研究框架。

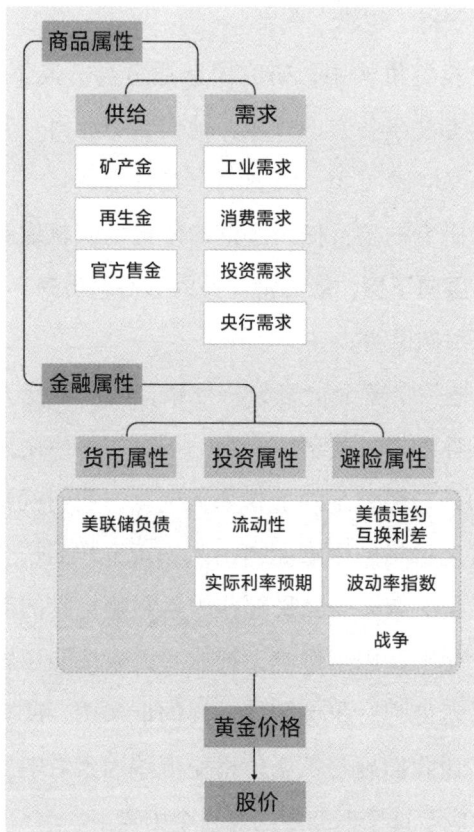

图 5-1　黄金价格分析框架

首先，贪多嚼不烂，我们可以在一段时间里选择只研究一个框架。比如在起步阶段，我们要搞清楚什么是股票基金、货币基金，什么是股票。

如果我们想投资一个具体的行业，也有一些能比较方便地获取信息的途径，它们让专业研究不再是专业机构的特供产品。一个操作起来比较简单的方法是，注册一个第三方研究报告系统，其中的研究报告名义上不开放给个人投资者，只提供给专业投资机构，但我们可以以公司做研究的名义去开通相关账号。

如果我们想了解消费行业，就搜索消费行业研究框架。同样地，白酒、啤酒、房地产、汽车等行业都有类似的研究框架。这样，我们就可以看到专业的分析师在用什么框架和逻辑做研究。你也许会觉得这太难了，自己根本记不住这么多内容。我也记不住，我只有在需要用的时候才会去找相应的研究框架。我们没必要像专业分析师那样记住框架中的所有内容。

而且，了解投资，应该是一件比较轻松愉快的事，而不是一件增加心理负担的事。你记不住这些框架没关系，只需要了解**投资在本质上是一个训练思维的过程**。你在这个过程中会接触到不同领域的信息，了解其他专业人士用来看待这些领域的思维框架。我们可以把这些思维训练培养成一种习惯，从而让我们习惯性地用框架思维思考问题，并在此基础上搭建自己的逻辑。久而久之，"有效认知"就会增加，"舒适能力圈"也会扩大。

　　总结一下，如果要拓展"有效认知"，那么通过身边的朋友也好，通过第三方的公开渠道也好，我们都能找到可靠的高质量信息源，另外，我们也要搭建自己的思维框架。虽然我们有一个简化的方法，但还是需要一个长期积累的过程。其实这个过程也是我们投资自己的过程。我们花费时间和精力，就是为了帮助自己在投资世界里不会轻易被欺骗。学了武功不一定就要出去打架，但可以用来防身。

生活中的"有效认知"

　　在日常生活中，有没有哪些跟"有效认知"相背离的事情？

　　我观察到一个很有意思的现象：越来越多的作品宣称"十分钟带你学会价值投资""十分钟带你听完一本书"。现在确实是一个快时代，大家的注意力越来越稀缺，很多人想把一本书、一个理论也变成快餐，期望把它们快速消费完，让自己变得学识渊博。一开始我对此也很感兴趣，但在尝试一段时间后，我认为这并不是一种有效的方法，它带来的是一种虚假的获得感。

　　为什么是虚假的获得感呢？为了实现"短平快"，这种作品大多会很直白地给出观点和结论。但结论是如何得出的？

依据是什么？事实又是什么？如何做出推理？推理是否正确？这种"短平快"的作品把这些内容都省略了。而且，这些作品通常会用极具感染力的语言或文字（这或许也是语言或文字的魅力）让你产生一种冲动——不必思考太多，直接接受观点即可。

最终我们获得了什么？一些似是而非的观点和结论，以及一堆情绪。

你可以回想一下，吃完这些"内容快餐"之后再回味一遍，你收获更多的是情绪还是事实？比如，巴菲特的演讲都是公开的，但一些创作者为了能快速吸引关注，会在几个小时的内容里提炼出简单的几句话，将前后细节都省略掉。这些内容看起来都特别正确，却无从实践。巴菲特在做决策时选择了哪些证据，采用了哪些逻辑，经历了什么困难，我们都不知道。

这些话脱离语境就变味了，因此不一定能带来"有效认知"，甚至可能会带来负面认知。比如，我们说股票要长期持有，这句话就是非常经典的巴菲特名言，听起来很正确，但是如何让它落地？它的上下文是什么？在巴菲特的投资组合中也有他持有半年就卖掉的股票，这又该如何解释？为了做到长期持有，巴菲特具备哪些我们不具备的条件？

两三年前，国内有一本畅销书，核心内容是"要做时间的朋友"。这句话就被拿出来滥用，被做成各种各样快餐式的分析片段，但相关内容却连前因后果都没有讲清楚。我觉得问题不在于我想不想做时间的朋友，而在于时间想不想和我做朋友。

相比而言，我更喜欢阅读书籍和长文章。因为这些内容通常会给出案例，其中的证据也更加充分，可以让我们详细了解作者的立场、引用的事实和思考的逻辑链条。优秀作者的"宝藏"并不是他们给出的结论，而是他们的经历和案例。我会假想自己坐在作者对面向他们提问，持续问为什么、用什么逻辑来论证，这个过程非常有趣。我之前提到，丹尼尔·卡尼曼的《思考，快与慢》这本书的结论非常简单，要把内容总结出来，一张 A4 纸都用不了。那他为什么要写出一本书呢？他的目的当然不是赚钱，而是展示自己的推理逻辑以及各种支撑案例，这就比二手信息解说中的结论更有价值。

为什么我没有直接提出投资建议，而是解密专业机构的方法论和工具箱？看起来我好像花费了多余的时间，但实际上我提供了真实的案例，这些案例就为你提供了证据，从而让你理解证据是如何被嵌套到观点中的。

06

信息时代的清醒法则

追求信息，但不是越多越好

读罢前文，你可能会产生这样一种感觉：要多看优质信息，对行业了解得越多越好，这样投资才能够赚钱。

但"多多益善"并不总是对的。

"多多益善"的"坑"

为什么说"多多益善"不一定对呢？

根据我的观察，很多人，包括我自己都踩过"多多益善"的"坑"。这一部分内容可能会引发一些争议，但请你将它当作一个参考角度来看待。

我的第一份工作是投资俄罗斯市场。那时我最害怕的就是信息差，总觉得自己遗落了什么。这可以理解，毕竟我所在的地方距离莫斯科六七千公里。我的工作就像谈异地恋一样，总觉得对方在做我不知道的事，而我又想知道该怎么办。我当时拼命搜寻各种信息源，联络了四五家国际知名券商，还找了一些俄罗斯本土的一线券商。我能付钱给他们就付钱，没钱付了就联络感情，还购买了国际专家网络服务。但我依然觉得不够，又托人结识了当地的新闻记者，还找了咨询公司合作。这些都是非常优质的信息源，可以说我将他们"一网打尽"了。我的自我感觉也不错，觉得自己挺能干。

直到有一次，一位资深的基金经理给我布置了一项任务：研究俄罗斯的消费品市场，寻找投资机会。我依然采用了这种方式：地毯式扫描。我搜集了俄罗斯的几乎所有消费数据和各主流派别的研究分析，旁征博引，事无巨细，还为此写了五六十页的PPT，认为自己一定会得到肯定。

但对方的反馈我至今还记得，他说我这是"garbage in, garbage out"，意思就是"输入的是垃圾，输出的结果也是垃圾"。当时我的笑容立刻凝固了，我不理解，这怎么会是垃圾呢？这些都是很优质的信息、证据和数据。

我马上去找了一位老牌投资人询问，她很委婉地评价说：**一切投资研究都必须指向结论，而不是一堆噪声。**

后来我自我检讨了一下，发现自己给出的大部分信息都是这个专业人士发现了什么、那个专业人士发现了什么，再加上很多宏观数据。这些信息不痛不痒，既不能证明机会，也不能否定机会。因此，我确实没有提供什么价值，甚至都没能帮他节约时间。那么多信息堆起来，虽然都是优质的，但对方还需要重新验证。也就是说，我用了很大的力气，却没有得出"有效认知"。

有句话很适合评价我当时的状态——用战术上的勤奋，掩盖了战略上的懒惰。

后来，我依然会忍不住这么"勤奋"，想穷尽自己能找到的信息。在回归 A 股市场之后，我也经常害怕自己错过任何信息，因此非常积极地收集信息。我合作的券商和专家越来越多，我和上市公司的接触也更频繁。而且我绝对不满足于分析券商组织的调研报告，都是自己单独进行调研。有一年，我调研的公司的数量在整个投资团队中排名第一，有六七十家，我整理的调研纪要加起来足够写一本 200 多页的书。

这时我才开始意识到，我不仅用勤奋掩盖了没有足够的"有效认知"这个事实，还掩盖了一些情绪问题。

其实，我是因为焦虑，才会去寻求"多多益善"的。但在这个信息大爆炸的时代，如何能穷尽所有信息呢？比如，单是中金公司一家公司，一年就写出了一万多份研究报告，如果用一年的时间来读它们，平均每天要读几十份，恐怕只有神仙才能读完。

其实我应该意识到，自己已经不在情绪舒适区里了，应该停下来，去关照一下自己的情绪。如果在那种情绪状态下做投资，那么我不仅可能做出冲动的决策，心理健康与否可能也要打个问号。

后来我读到一篇报道，内容特别"扎心"，是关于"调研勤奋度和投资业绩是否成正比"的。在这篇报道中，作者引用了一些统计数据，得出了一个结论：一个人在调研时越勤奋，他的投资业绩越"拉垮"。当然，就这么简单对比一下，得出的结论肯定不正确，但它的确是个警告。放在"投资坐标图"上做一下对照，如果没有形成"有效认知"，情绪也不在舒适区内，我们就的确应该做一些调整了。

前辈的"清醒"建议

我认识的一位投资界的老前辈，当时针对我的情况开了个"药方"，对我很有用。

我当时遇到的问题算是投资新手普遍会遇到的问题：自身视角不够"落地"，关注太多高维度的、针对宏观层面的分析。

而这位前辈给我的建议就是将70%的时间和精力放到微观层面上，把一个具体的公司研究清楚，用剩下30%的时间和精力跟踪宏观层面即可。我仔细琢磨了很久，发现还真应该这样做。在研究一家具体的公司时，我们需要的信息是有限的，但将视角扩大到整个行业、整个宏观经济后，信息就变得无边无际。

因此我做的第一步就是减少对宏观信息的收集。我们平时看到的多数是偏宏观的讨论，无论是关于整体经济的还是关于某个行业的，在我的观察中，这些信息中的一半以上都是"智商税"，并不能帮我们形成"有效认知"。

先别误会。第一，我不是说宏观信息不重要，而是里面混杂了很多主观的东西，鱼龙混杂。第二，即使我们找到了很重要且高质量的宏观信息，不少人也不具备宏观分析框架，无法判断对错，很容易被欺骗。如果你具备了成熟的宏观研究能力，多看宏观信息并没有问题。

我再多说一些与宏观信息相关的内容。在多数讨论中，宏观信息既包括客观数据，也容易混入各种观点和立场，其中立场的影响格外大。有些人为了吸引大众的注意力，倾向于把观点说得很极端。比如，有人很武断地说，互联网行业彻底不行了，没有投资价值。这个观点听起来非常鲜明，但像字节跳动这样的公司也在快速增长，一棒子"打死"所有互联网行业企业的做法并不符合事实。另外，与宏大叙事有关的内容听起来非常过瘾，但90%的作者对这些内容都没有切身感受，那些内容或许只是加工二手信息，甚至不排除是相互抄袭的。真正具备研究能力并在一线"作战"的自媒体作者，肯定是少数。

我刚开始投资俄罗斯市场时，没有形成很好的宏观分析框架，也没有留意区分事实和观点，就很容易形成**从极端情绪到极端观点的双向反馈**。看到舆论说宏观形势一片大好，我就会觉得什么行业都好，特别乐观；一旦形势不好，我就会越想越差，一眼望去到处都是问题。

后来我发现，针对宏观形势的分析并不总是对的。

因此，**我们要减少关注宏观变化的时间，即使关注，也只关注事实和数字**。这样做，花费 30% 的时间和精力绰绰有余，同时我们的情绪也留在了舒适区。我知道不少人喜欢看，也喜欢讨论宏观的内容，但把它们当作故事来听就足够了，最好不要将它们作为决策依据。

从那以后，我也把更多时间用在了解微观信息上，不断地去了解具体的公司。

这相当于我把研究目标缩小了，有了重点，不会盲目扎到信息的海洋里，我也很快获得了对俄罗斯的具体的消费公司的"有效认知"。**这些微观认知很有趣，就像积木一样，累积起来可以让我形成对行业层面和整体经济层面的宏观认知。**当我对某个具体的消费公司有了认知，又逐步对多个消费公司有了认知时，我对当地消费品行业的整体情况也就有了自己的理解。

巴菲特的老搭档芒格说过的一句话，很值得我们琢磨，他说："**宏观是我们必须接受的，微观才是我们可以有所作为**

的。"每个人对这句话的理解不同，我的理解是，我们不是要抛弃宏观信息，在宏观信息中往往的确蕴含着风险预警的信号，我们遇到风险当然要跑，不能假装视而不见；但我们很难准确预测宏观层面的变化，也千万不要让这些变化再反过来干扰我们的情绪。而学习一门具体的技能、做一个具体的产品，或者关注能掌握的具体内容，往往是最能让我们的情绪保持稳定的。

我认识的那位前辈给的建议——不要关注太多大而无当的事情——可以用在很多人身上。

信息"断舍离"

信息过载不仅仅是投资中的问题。回到生活中，一天之内，我们会花费大量时间捧着手机、电脑，刷抖音、哔哩哔哩、小红书等社交平台。

我自己也有这个习惯，我以前有"朋友圈强迫症"，拿起手机就会下意识地刷一遍朋友圈，生怕错过了什么。后来我又有了"抖音强迫症"，即使在刷牙时也要打开抖音刷两下，我好像立马把空闲时间利用起来了。

回头来看，我当时主要有两种心态。

第一种心态是想放松，比如当情绪有点紧张时，我就使劲刷短视频。实际上，手机屏幕发出的蓝光会让大脑更兴奋，让人一刷短视频就不想停下来，一口气刷到很晚，这反而会影响睡眠。

第二种心态是安慰自己——我不是在娱乐，而是在学习、"涨知识"呢。这种学习方法的效果见仁见智，就我自己来看其实并不好。在碎片化的时间里学习，即使确实学到了一些知识，自己也记不住，第二天全忘了。

在刷社交媒体时，我真实的心理感受其实是：聒噪。耳朵聒噪，内心也聒噪。我反复思考，这会不会也是一种生活中的信息过载？我仔细区分了一下，在这些日常摄入的信息中，一部分是具有娱乐性质的，能让我放松一下，博我一笑，这也是一种价值；另一部分会引起我潜意识里的焦虑，我越焦虑就会越想继续看下去，无休无止。

一些偏宏观的内容，我们看看标题就能知道大概讲了什么。我随便举几个例子，你不必对号入座。比如："房地产要崩了，我们的钱该怎么办！""互联网行业没戏了，年薪百万也失业！"再说个与我所在的行业相关的标题——"金融行业大滑坡，从业人员收入腰斩！"行业下滑也好，经济差也好，全球冲突也好，与之相关的内容都很容易吸引我们的关注，能够引起我们的焦虑，而焦虑又会导致我们继续关注。这些标题足够宏大，比生活中的柴米油盐更能让我们产生阅读或观看的兴趣。但这些内容并不能解决问题，最后只会留给我们焦虑。

因此，我开始做自己的"信息断舍离"。

"有效认知"建立在拥有可靠信息的基础上，因此要做"信息断舍离"，首先要屏蔽不大可靠的信息源。

比如，我不再关注那些永远做"标题党"，内容标题中全是感叹号的公众号和视频账号，它们的内容往往只有结论而没有事实。后来我甚至卸载了推荐这些内容的平台。现在我的手机里只剩下抖音和小红书，而且我把它们放进了一个没有密码的文件夹里，就算我想打开它们也比较麻烦。我还列了一个信息源清单，把我认为可信的自媒体放进清单中，就像专业投资机构建立的信息库一样。我也会关注行业内有经验的人写的文章，如果过了一段时间，我感觉某个信息源提供的信息质量下降，比如在标题中打了越来越多的感叹号、越来越多的内容与引起关注的短期事件有关，我也会舍弃掉这个信息源。现在我常看的公众号不超过五个。

总之，谁给我增加焦虑我就"取关"谁，谁没有好的内容我就不看谁。

后来我还养成了听播客的习惯，因为播客节目基本上都是长内容，而不是抓取短期注意力的短内容，而且听播客占用的大多是我的闲暇时间，不影响我做其他事情。慢慢地，我发现生活里留白的时间越来越多。

这一点我也受到了巴菲特和芒格的启发。在 2016 年的股东大会上，有人问他们："有什么方法能够帮助大家减少犯错？"芒格似乎答非所问，但他的答案很有意思。他说："我们俩的日程排得并不满，你看巴菲特，他掌管着一个商业帝国，但你翻看他今天的日程表，上面一片空白，只留下了'理发'两个字。"

我当时很震惊，他管理着规模这么庞大的资金，难道不应该马不停蹄地听下属汇报吗？我肯定不能完全学他，但这样的留白态度也是在提醒我：**太多噪声只会为情绪和认知增加负面效果，不如多给自己留一些空间。**

07

小目标设定法

如何制定合理的预期和规划

以下内容会开始变得比较实际。我们来具体看一下：假设现在我们有一些钱，也有了对投资的基本认知，该如何把钱投出去？例如，我兜里揣着 1000 元钱，准备小试牛刀一下，那我应该投资什么、期待什么样的回报？

规划、预期和自己的人生

如何制定规划和预期？我觉得还是与"有效认知"有关。

我是谁？我处在什么样的状态？我拿出的这 1000 元钱在我的资产中处于什么状态？你要先把这些问题定义清楚，再去想如何用这些钱做投资以及会有什么产出，这样才不会有不切实际的预期。

比如，我有一个朋友小美，她衣食无忧，工作和收入都很稳定，也不缺这 1000 元钱。她想拿这些钱来学习理财，将之投到风险更高的股票市场中。那么，她肯定要有一个基本预期，就是她可能会遇到很大的亏损，但即便亏损再大也不会影响她的正常生活。

再看另外一种情况。小美告诉朋友小帅自己最近投资股票赚了钱，让他也拿出 1000 元做投资，但小帅手头并不宽裕，正在存钱攒买房的首付款。如果他不管不顾地投资股市，那么一旦遇到极端风险，就可能影响自己攒买房首付款的计划。

我举这两个例子是想说明，我们除了要对投资标的具备"有效认知"，还要对我们要投出去的这部分钱有"有效认知"。

并不是所有的钱都适合拿来投资。

假如你每天吃饭的钱被亏光了，你总不能靠人格魅力去超市买菜吧？而且还有很多比吃饭更要紧的事情。比如，在 2023 年信托产品"爆雷"的事件中，在一段现场录音中，一位投资人急着要把钱拿回来，这笔钱是他下个月做手术要用的，原计划投资一年就可以收回本金，但实际情况并不乐观。本书的后续内容也会介绍，为什么信托作为一个投资标的，表面风险可能很低，但隐含的风险非常高。

话说回来，我们用于投资的是什么钱，也关乎我们的情绪是否能保持稳定。如果拿吃饭、看病、上学的钱做投资，那投资人的心态不大可能稳得住。

我想分享一个建议：**拿来做投资的钱，必须是闲钱。**

什么是闲钱？

闲钱 = 现金资产 – 未来一年的固定开销 – 未来两到三年大概率需要的其他支出

比如，我会留出满足一年吃穿住行需要的一笔钱，再预估一下未来两三年可能会发生的其他支出，比如租房或买房的钱、潜在的医疗开销等。如果我现有的钱正好等于这些开支，那我连一分钱都不会投到有风险的地方，只会把这些钱放到银行里存起来。在有些人看来，这么做可能过于谨慎，但这符合我的性格和状态，也能让我的情绪更稳定。

如果你觉得这个公式不适合你，可以问自己一个小问题：假设用来做投资的钱都亏光了，在未来的两年中，你是否还能维持现在的生活状态？如果答案是否定的，就请你三思而后行。毕竟，"一分钱难倒英雄汉"。

这是第一点，要对自己的钱有认知——不是对爸妈的钱，也不是对亲戚的钱，而是对你自己的钱，**千万不要借钱做投资**。

第二点，了解自己的投资期限，也就是说这笔钱能够"闲"多久。

在前文的例子中，这笔钱应该是至少"闲"三年的。如果这笔钱"闲"不到三年，我们可以讨论将其投到一些风险更低、流动性更好的资产中，最好就别在股票、股权这些投资方向上折腾了。如果这笔钱能"闲"得更久当然更好，"闲"得越久越有余地。时间越长，我们对收益增减的判断越准确。

另外，我还有一个建议：**千万不要把持有的房地产的价值计算到你的资金中。**我们要先搞清楚手上的房子属于资产还是负债。买房通常都要贷款，如果房价下跌太多，负债可能会高于房子的价值，房子就变成了负资产。而且，房子不是随时能卖掉的，因此在考虑闲钱时，千万不要把房子当作本金。相反，你要考虑贷款该怎么还。

具备对自己的钱的认知以后，很多决策做起来会容易很多。

我有个同事，他给自己准备了一个"万一搞砸了"基金，定期存一些钱进去，为的是一旦某天不喜欢目前的工作了，自己也有底气辞职。我认为这样规划自己的钱也挺好。后来他也靠这笔钱支付了在北京购房的首付。

对短期资金的投资小目标

还有一种情况：短期内我们确实有一笔钱，一时半会儿用不到这笔钱，但一两年内肯定会用到这笔钱。比如，我们规划了一次下半年的全家旅行，时间待定，如果这笔钱完全不用来投资，好像就被浪费了。不过真要投资，我们该怎么处理不那么闲的钱呢？

我的理解是，不管出发点如何，这笔钱都要优先满足短期使用需要。也就是说，一旦需要，这笔钱就要能回到我们手里，这是第一目标。因为如果遇到意外，比如亏损、套牢等情况，这笔钱就很难变现了，所以不要用这笔钱追求高收益。

用专业术语来说，**用短期的钱做投资，在方向上要满足两个要求，一是流动性好，二是风险低。**

要同时满足这两个要求，我们可以选择的投资标的的范围就会缩小很多。最常见的同时满足这两个要求的投资标的，有资金次日就能到账的短期理财产品或当天就能赎回资金的货币基金。一些按月度、按季度可赎回的理财产品也可以成为我们的选项，甚至一些风险较低的债券基金也可以。这样当我们着急用钱时，就能比较快地赎回资金。

当然，这样做的收益率相对要低一些，我们可能还要做好出现小幅亏损的准备。

你可能会惊讶：为什么做低风险投资也要做好面临亏损的准备？

换个角度想，你哪怕什么都不做，手中的现金也会受到通货膨胀影响。读大学时，我回老家吃一碗面只要 3 元钱，现在变成了 12 元，这就是钱的"亏损"。

现金只要没有被拿在手里，那么即使被用于投资普通的银行理财产品也可能会亏损。2022 年 12 月，银行理财产品就出现过大跌的情况，有的理财产品一个月的跌幅超过 3%。这个数字看起来似乎不高，但你要知道，这些银行理财产品一年的收益率可能也只有 3%，也就是说一个月就可以把之前一年的收益全部跌没了，这已经算是很严重的下跌了。

我再稍微解释一下。货币基金、普通的银行理财产品的收益之所以比较稳健，是因为它们大多会购买一些短期货币工具，比如短期政府债券、商业票据、银行定期存款、短期企业债券等。没错，你把钱托付给银行，它们会用这些钱投资定期存款、短期债券等。因此，如果这些底层的产品出现了亏损，银行理财产品也会跟着亏损。

假设跳出前文设定的投资方向，你执意投资收益更高的产品，那么你就要做好心理准备，因为风险一定更大。可能这个产品这两个月的收益还不错，但"黑天鹅"一来，收益就都没了。可能你原计划下半年出去旅游，给自己更舒适的体验，结果最后只能被迫改成"特种兵旅行"了。

短期的投资能搏一把高收益吗？假设你来问我，说手上有 1000 元钱，想知道有没有什么产品能够让你在两个月内赚到本金的 50%，我大概率会一笑了之。这就是期限短、收益目标高的困境：很容易放大我们的贪念，一不留神就会让我们跳出自己的"舒适能力圈"。

长期资金的投资小目标和其中的陷阱

那些短期用不到，期限更长的闲钱，又该投到哪儿去呢？

一旦期限变长，我们可以选择的投资方向就变多了。比如股票、指数基金、股票基金、债券基金，甚至黄金，都可以投资。

你可能想问：短期的投资收益率太低了，有点打击人，长期的投资是不是就能获得暴利？是不是就算不能让我一夜暴富，也可能让我三年后暴富呢？

口说无凭，我们需要找到一个参照物。做预测之前，我们要先了解历史。从基础概念说起，如果想知道某个投资标的可能会有什么收益，我们通常需要看"历史收益率曲线"。把一个投资标的在过去某段时间内的收益率标记出来，连成一条线，并作为参照物展示出来，这就是这条曲线的来历。借此，你可以看到这个投资标的在历史上的收益率如何起伏，一清二楚，非常直观，这也非常符合我们需要寻找参照物的心态。就像我们上大学时，选课之前要做的最重要的事就是去问之前上过这门课的人：有没有挂科的人？期末拿了多少分？如果大多数上过这门课的人都拿了80多分，我们就会估计自己拿 80 多分也没问题，于是会大胆地选这门课。

由于比较直观并且符合大众心态，历史收益率曲线也成了很多金融产品营销时的标准配置，我们几乎在所有金融产品的宣传页面上都可以看到它。因此有必要提示一下，其中可能有一些我们容易忽略的情况。一种情况是，历史收益率曲线显示的时间比较短，只有一两年，甚至不到一年。如果这是一个基金产品的全貌，那么这个产品很可能刚成立不久。此时，即便这条曲线非常漂亮，其中也可能隐藏着很大风险。

举例来看，2019 年的市场极其火爆，一年内成立了超过 1000 只基金，合计募资金额高达 1.4 万亿元，比 2015 年"大牛市"时募集的资金都多。由于这 1000 多只基金诞生的时间点特别好，2019 年之后市场价格连续上涨，因此如果打开它们 2020 年的宣传手册，你一定会看到一条非常漂亮的历史收益率曲线。但金融资产都有周期性，这种周期性会在较长的时间里体现出来。股票市场、资本市场在 3 ~ 5 年内都会有明显的周期波动。因此，**如果宣传册上只有短短一段时间的历史收益率，我们很可能只看到了这只基金最好的那部分。**这就太有蒙蔽性了，借用一句话来总结：在坏事发生之前，发生的都是好事。

还有一种情况：历史收益率曲线的起点可能被选在了特定的时间点上，该曲线因此没有呈现出这只基金的收益全貌。

举例来看，如果我想投资黄金，第一件事就是看它的收益率。假如从 2019 年 1 月看到现在，收益率大概是 55%。但如果从 2021 年 1 月看到现在，收益率就只有 5% 了，中间有 10 倍的差异。因此，一些金融产品的宣传页面会在开篇就展示数字最好看的那条历史收益率曲线。购买这类产品的人想得也很简单——去年它能赚 10%，那今年应该也能赚到这么多。

我自己偶尔也会接到银行客户经理的电话，他们会努力推荐一些在最近 6 个月或一年内表现非常好的基金或其他产品，这时我看到的可能是收益率虚高的产品。虚高并不是说这些数据是假的，而是指它们是在人为选择不一样的周期后被制造出来的。

其实生活中的很多情况都是这样。有时候，父母会拿我们和别人家的孩子比，我们自己也会忍不住做比较。我时常听到这样的说法："他最近做得特别好，做的都是大项目，财务自由了。"在资本市场特别火热的那几年，我更是隔三岔五就听到有人说"这个人财务自由了""那个人财务自由了"，好像周围的人全都财务自由了，我是唯一一个"财务不自由"的人。然而，我们通常不会意识到，被拿来做比较的往往是别人的"高光时刻"，就像我们只看到了历史收益率曲线最好的那一段一样。这样对比下来，我们当然会觉得很难受。

如果遇到这种忍不住做比较的情况，我就会问自己："他

们的成绩是突然出现的、像跳蹦床那样一下就腾空了的，还
是经过了很久的努力和磨砺才登上了新台阶？"我更倾向于
向获得后者的人学习，他们的故事更真实、周期更长，也更
不容易引起焦虑。

08

长期主义

用时间旅行者的眼光看到
不一样的事实

如果历史收益率曲线容易被利用，那么我们如何能找到更好的收益率参照物呢？

历史收益率曲线并非不好的参照物，我们可以参照它，但一定要看它的全貌，要看到跨越周期的曲线。当别人向我们推荐一款收益率很好看的产品时，我们也要去看一看这款产品表现不好时的样子。

接下来问题来了：什么叫全貌？多长时间才是跨越周期？

一个神奇的数字

我想推荐给你一个神奇的数字：3。

这不仅源于我个人的经验，而且来自一些资深投资人的实践经验。至少要看 3 年的历史收益率，我们才会观察到一个小的投资周期。如果将时间乘以 2，就是至少 6 年，那么我们或许能看到两个小的投资周期。所谓全貌，就是用尽可能长的时间，来囊括更多个小周期。

　　那为什么会是 3 年，5 年就不行吗？此处我想提供一些有趣的观察发现。

　　在经济学里，一个比较短的小周期是 3 ～ 4 年，我们叫它"库存周期"，很多金融资产的波动周期也是 3 年。在股市上，我也观察到一个现象，很多公司的经营小周期大概都是 3 年，恰好和公司的某个新品从诞生到成长，再到稳定的周期相吻合。一些重资本的公司，比如需要投资建一个厂房、一套生产线，从零开始到产能爬坡完成，大概也需要 3 年。

　　请你猜一下，如果个人发展也有小周期，大概会是多久？答案也是：差不多 3 年。

　　有一个著名的"一万小时定律"，说的就是我们在一个领域中，想要从无知到有经验，需要投入一万小时的有效学习时间。假设我们在毕业后进入投资岗位，从零开始，每天工作八小时，全年无休，这一万小时就相当于三四年。之后，我们会成为一个在投资岗位上比较有经验的人。这是我们在生活中开始一个全新尝试的小周期。

找到合适的参照物

　　随之而来的一个问题是，如果我们看 3 年或更长的历史收益率曲线，它可能看起来是弯弯曲曲、起起伏伏的，那么我们应该选哪个点作为参照物？肯定不能选波峰，选波谷也不行。

因此，我们要用一个计算方式，找到长周期中隐含的适合参考的数字，我们把它叫作"复合年化收益率"。

此处有两个词要多解释一下，"年化"就是每年的意思，"复合"是加权计算的方式。简单地说，在一段时间里，产品价格有涨有跌，但我们可以用一个数学公式把赚到的钱平摊到每一年里，这就是复合年化收益率。

我用一个例子来说明。我们"最爱"的黄金又出场了。假设我们在三年前投资了黄金，在第三年结束的时候赚了本金的 100%。不管这三年中每一年黄金的价格表现得怎么样，从一个纯粹的数学角度平摊一下，就相当于它第一年涨了大概 25%，第二年又涨了大概 25%，第三年再涨大概 25%，三个 125% 相乘，就能让资金在三年后差不多翻一番。因此，这一笔投资的复合年化收益率差不多就是 25%。

这听起来像一道初中数学应用题，解起来还挺简单的，就是用一个平均值抹掉了期间数字的"上蹿下跳"，因此这个数字很合适作为参照物。虽然这个数字肯定没有波峰时那么好看，这个产品也因此看上去不像能帮我们"发大财"的样子，但事实上，如果每年都能稳定达到相应的投资回报水平，那么这个产品带来的收益也不小。

我们可以将复合年化收益率理解为我们经常听到的"复利"。**在不同场合都会出现复利的奇迹，巴菲特说的复利也是这个东西。**

把时间周期拉到 10 年

我来展示一下不同投资标的在更长的周期中的复合年化收益率。我猜你会对其中一些数字感到吃惊。

我之所以选择了 10 年这样一个长周期，是因为 10 年刚好跨越了 2 ~ 3 个小周期，能适当抹平一下短期波动带来的影响，让我们看到更客观的全貌。

先来看股票指数。通过股票指数，我们可以看到一个市场的全貌。市场上有大大小小的各种股票，把它们的价格加总，求一个平均数，这个数字就是股票指数，它可以用来代表整个市场的变化。你可能会觉得过去 10 年美国的股市涨得特别好，如果和中国的股市对比，会呈现出什么样的结果呢？

如图 8-1 所示，股市中有很多不同的指数，我选择了"万得全 A"①，就是万得编制的涉及全部 A 股的指数。这个指数过去 10 年的复合年化收益率是 6.6%，也就是每年平均能赚大概 6.6%。

美国股市中有代表性的指数你应该也不陌生，就是"标

———————

① 由在北京、上海、深圳三地的交易所上市的全部 A 股组成，指数以万得自由流通市值加权计算，综合反映了 A 股上市股票价格的整体表现，具有较高的市场代表性，可作为投资标的和业绩评价基准。万得全 A 指数经过 20 多年的运行，已经成为 A 股市场上公认的基准指数。

普 500"和纳斯达克指数，在过去 10 年间，它们的复合年化
收益率分别是 10% 和 13%，比 A 股高一些。不知道你看到这
个数据会不会有一点惊讶，我猜每年 10% ~ 13% 的回报低于
很多人对股市"高回报"的幻想。

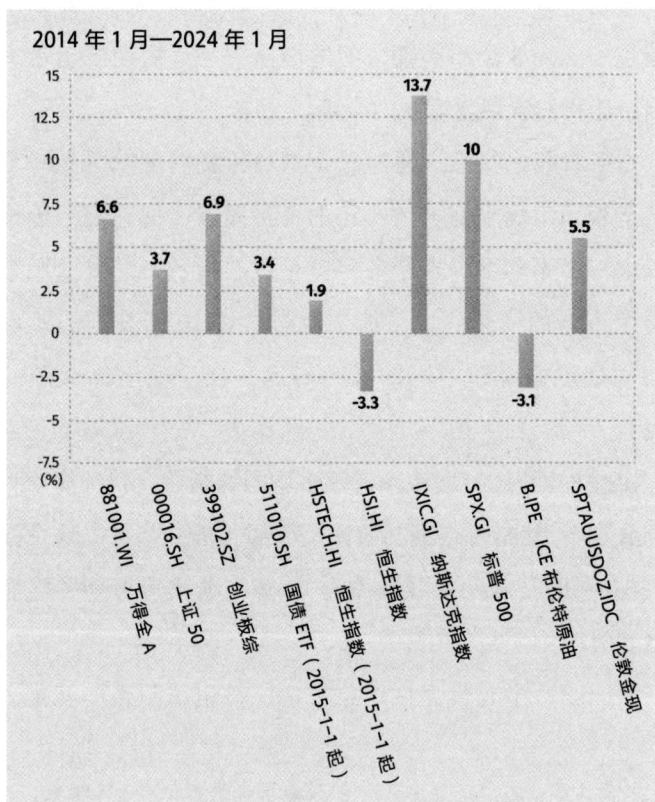

图 8-1 中美股票 10 年复合年化收益率示例（%）

　　另外，许多人也很关注黄金。黄金似乎一直被鼓吹为世界上最好的投资方向之一，我周围也有很多人恨不得把全部家当都换成黄金。黄金过去10年的复合年化收益率是多少？会不会是10%或20%？

　　其实只有5.5%。是不是也和我们想象的"黄金市场特别火热"有一点点反差？的确是这样，在比较短的周期里，黄金价格可能会大涨大跌，但我们怎么可能做到每一次都避开下跌、遇到上涨呢？我们可以尽力去做，但不会抓得住每次机会。因此，在一个相对长的周期里，黄金的回报率并不算高。

　　原油也是如此，我们都听说油价上涨得厉害，给车加油时也时常觉得油价非常高。其实原油价格也是在短周期内上涨得厉害，但在我们统计的10年周期里，原油的收益率是负数，也就是不赚钱。

　　我们来猜一下，全世界最厉害的投资者之一 ——巴菲特，他的复合年化收益率大概是多少。有没有人认为是30%或40%？其实，巴菲特的复合年化收益率为18% ~ 20%，这或许没有你想象的那么高。在国内股市里，我们动不动就会听到"某某某赚了100%甚至200%"的消息，但那都是短期投资带来的。如果你能像巴菲特那样，持续几十年获得18% ~ 20%的回报，你就能成为全球知名的投资人。

这么多数据，总结起来就是：**收益率一旦放到长期来看，展示出来的图景就会和短期内的单点表现有很大不同。**因此，当别人向我们推销收益率很高的产品时，我们就知道应该如何下判断了。

短期回报和预期错位

与此相关的还有一个常见习惯，就是我们虽然做了长期投资的打算，却忍不住关注短期回报。即使是专业的投资人有时也会这样。

我在做投资经理时，有时需要和投资人沟通——我们叫"路演"。这些投资人就是购买我们基金的客户，而"路演"就是和客户分析当前的市场情况、基金业绩、接下来打算怎么做。如果市场情况非常好，台下就会坐满开开心心的投资人，大家相谈甚欢；如果市场不容乐观，台下坐着的就一定是面带怒容的投资人。

2018 年，我就遇到过一个难忘的时刻。当时市场情况很低迷，股市几乎从年初一路跌到年底。在一次"路演"中，一个投资人站起来提问说："我看你们今年表现不好，但是没关系，我又追加了一点投资，下个月你们能不能定个目标，赚 10%？明年你们能不能再定个目标，保证赚 30%？"

当时现场鸦雀无声，台上的人也感到很煎熬。这时，如果我们说"不能"，他肯定会变得焦虑而愤怒。我也能够理解他的心情，谁不想有短期的确定性呢？但我也没办法说"能"。纵然美股表现很好，但纳斯达克指数过去 10 年的平均回报也就是 13%，因此我们在 A 股确定"下个月赚 10%"的目标并不现实。下个月会发生什么，会不会出现一只"黑天鹅"，谁也不知道。

就算是芒格和巴菲特，人们披露出来的他们的复合年化收益率最高是 20%，但他们什么时候说过"我明年预期还能赚 20%"？

产生对短期确定性回报的需要，是人性使然。我们在做规划时，虽然计划一笔闲钱要投资 5 年甚至更长的时间，但还是希望在 5 个月后就能赚到大钱。在亏损时，这种急迫感会变得更加强烈。

一些销售人员在宣传金融产品时也会迎合人们重视短期回报的心态。目前的监管要求是不允许销售人员在宣传金融产品时许诺短期收益，但一些销售人员仍然会采用引导性语言，比如只选择展示 3 ~ 6 个月的短期收益率，再暗示 3 个月之后收益率还会更好，让投资人误以为产品的短期回报有保障。

机构的长期主义实践

其实，有经验的投资机构都认同长期主义，其原因不是促进营销，而是它们存活的时间足够久，经历了足够多的波折，才总结出在长期主义下的生存之道。这些投资机构甚至会进行一些制度设计，来支持自己做更长期的投资。

举一个不是很完美的例子。有的基金产品在成立时会设置封闭期，期间不允许投资人赎回资金，期限一般为3年。为什么要设置封闭期？因为一些投资人往往在看到基金短期业绩不好时就想赎回资金，而如果赎回的资金太多，基金经理就要被动地去卖股票、被迫追求短期回报，也就是我们说的"追涨杀跌"，这反而会把相对稳定向好的投资策略变成不好的投资策略。封闭期给了基金经理更富裕的时间，隔离投资人带来的情绪影响，从而让基金经理追求更长期的收益。

之所以说这个例子不完美，是因为时间起点的选择可能会带来问题。如果将3年封闭期的起点选在某个周期的高点，资金封闭3年，投资人的感受会非常差。

另一个制度设计就是将考核周期放长一点——不仅考核当年的业绩，还要拿出一定比例的绩效综合考量3年或5年的复合业绩。很多机构在陆续实践这个制度。

难道没有好的实践案例吗？其实是有的。我接触过一些国外的大型投资机构，比如几个国家主权基金、欧美养老基金、大学捐赠基金等，它们的投资周期更长，会以 10 年、15 年甚至 20 年的眼光来看待投资。在 10 年里，它们会做出比较明确的规划，看重背后的大趋势。短期的波动在这种长期的大趋势下就没有那么重要了。

之前我还遇到过一种反差感很强的行为：2015 年和 2018 年，市场价格大跌，国内投资人纷纷赎回资金，很多国外的大型机构却在有节奏、有计划地申购，也就是买入。这不单是口头上的长期主义，它们还做到了知行合一。为什么它们能做到？一是因为它们背后的投资人掌握着长期资金，比如养老金——那是人们为 10 年、20 年之后做准备的；二是因为它们的考核周期比较长，3 年或 5 年的业绩考核周期都落实到了合同层面，执行有保障。因此，的确有人一直在践行投资机构中的长期主义。

生活中的长期主义

其实在生活中也是这样，我们在做很多决策时也要找参照物。但我们能找到比较合适的长期参照物吗？

我刚毕业那段时间，找工作是件让人害怕的事。我那时经验不足，摇摆不定，只能把一个短期的参照物——毕业后每个月薪酬多少——当作职业选择最重要的目标。

从 2000 年到 2008 年，几乎每隔两年就有某类工作流行起来，吸引着毕业生纷纷转向，去往会计师事务所、外资银行、基金公司等，它们都可以说是"各领风骚一两年"，薪酬待遇此消彼长。但 2008 年金融危机来了，很多人在毕业后拿不到录用通知了，大家很悲观，认为金融行业从此会没落。结果才过了一年，投资银行突然流行了起来。当时美国投资银行摩根士丹利的副总裁（相当于中层管理者）到北京大学做交流，同学们都迫切地想进入这家公司。

当时的我们会怎么做呢？赶紧改简历，投其所好。我当时对投资银行中的各个岗位一无所知，就打听不同岗位的薪酬，哪个岗位的薪酬高我就投哪个岗位。虽然有些岗位职责相差十万八千里，比如机构销售、研究、中后台风险控制，但我也全部投了一遍。这就是一种投机心理——万一被录用了呢。**目标越近，投机的心态越重。**我属于投机失败的例子，我有个朋友投机成功了，兴高采烈地去就职，结果磨砺了 3 年就离开了。

现在回过头想，当时的我不应该盯着比自己早毕业一两年的师兄师姐看，这样的参照物太近了，一两年说明不了什么。我们应该做的，是去找毕业 5 年、10 年甚至更长时间的前辈做参照物，请他们告诉我们，职业生涯在中长期时会如何变化、其中有哪些"坑"，之后我们再结合自己的现状进行思考。

　　当然，在生活中践行长期主义也不仅仅是喊几个口号就够了。从事长期投资的专业机构有一个特点：哪怕在环境低迷时，依然坚持做投资；即使不出手，也会认真做研究。我经常说一句话——**在没有机会时苦练内功**。市场不好的时候，我们也要继续投资，别的投资做不了，那就投资自己。顺风顺水时大家都忙着挣钱，谁有时间投资自己呢？在资本市场中没机会时，我就会多花时间去补充行业知识，或者跨界学习编程，这个过程很有趣，也能帮我理解量化的理念。这就是在投资我的认知边界，虽然我不知道它能不能让我赚钱。

　　实在不知道怎么投资自己，那就去读书吧，投资一下自己的精神健康。我的感悟是：**千万别因为万事低迷就放弃投资，毕竟生活中处处是投资。**

放弃的能量

有所不为也能大有作为

在这一部分中，我们来讨论一件反直觉的事：**即使在"舒适能力圈"中，有时也要"有所不为"。**

我们花了那么多精力探索"舒适能力圈"，结果"肉都到嘴边"了，怎么却说不要吃呢？

我先提出一个问题：投资中最难的是什么？你可能会给出很多不同的答案，比如赚钱、认知或者保持冷静。

但我的答案是，看到机会却什么都不做，是最难的。事实上，**在投资时，不是所有的机会我们都必须抓住，控制动手的次数反而会有正面的效果。**这样是不是太保守了？我先分享一个在投资圈里很有名的关于棒球手的故事。

不去击打某些球

泰德·威廉姆斯（Ted Williams）是波士顿红袜队的传奇击球手，创造了很多项纪录，被称为"史上最伟大的击球手"。先声明一下，我并不是棒球专业人士，只上过几节棒球课，因此有些表述可能不是十分严谨。

威廉姆斯的能力非常强，他很有天赋。有意思的是，他虽然能力强，但在比赛时并不会击打飞入他能力圈范围内的所有球，而只会挥棒击打某些球。

他在《击球的科学》这本书里解释说，自己会精确地把整片击打区域分为 77 个小区域，每个小区域大概有一个棒球的大小。他只会击打那些进入他的"理想击球区"的球。能力圈是他可以行动的范围，而"理想击球区"是他成功概率最高的区域。

来猜一下，职业击球手击出安打的概率（即打击率）大概是多少呢？你可能会认为 10 个球里他们能击中七八个。

事实上，打击率在 28% 以上的棒球击球手，就能被称为职业棒球击球手；打击率为 30% 的棒球击球手就是优秀的棒球击球手；如果一个棒球击球手的打击率达到 40%，那么他就会被称为伟大的棒球击球手。威廉姆斯自己都说："棒球是唯一一项在 10 次里成功 3 次就算成功的运动。"他知道球飞到哪些位置时自己击打起来最顺手、最有力，也最自信（自信也是一种情绪），这时他才能打出最有质量的球，因此这些位置就是选择挥棒的最佳区域。

他采用了一套科学的底层思维框架，才有了被分为 77 个小区域的击球区。他会精确记录自己击中不同小区域中的球的概率，把打击率的目标定在 40%。即使球进入了他的能力圈，但只要自己预期中的打击率大幅低于 40% 这个目标，他也宁可不挥棒。

　　如图 9-1 所示，我对照这张图数了一下，在 77 个小区域中，有 3 个小区域显示的打击率为 40%，12 个小区域显示的击中率为 38% ~ 39%，"理想击球区"加起来也只有 15 个小区域，其他小区域显示的打击率明显低于 40%，最低的只有 20%。

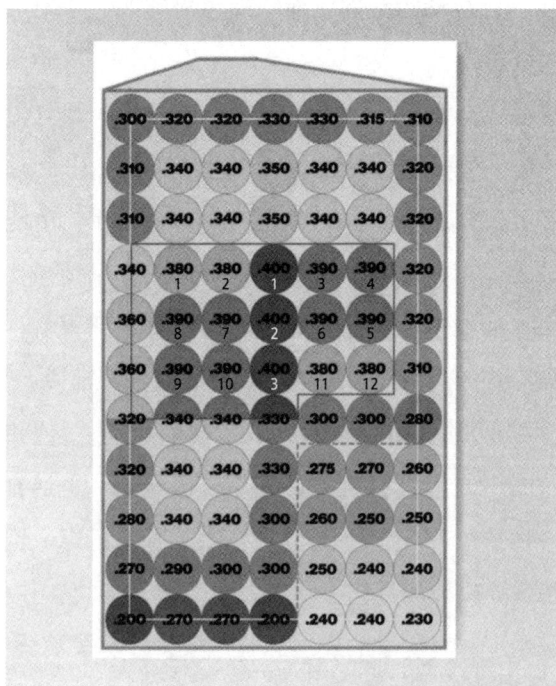

图 9-1　泰德·威廉姆斯的能力圈示意图

借用威廉姆斯的一句话——**当你知道"不打"什么球时，才是"打球"真正的开始。**

这样的策略使他能很好地控制自己击球的效果，也让他成了棒球史上最出色的击球手之一；他在 1941 年以 40.6% 的打击率结束了赛季，创下了棒球界的纪录。

巴菲特的成功率

这种即使在"舒适能力圈"范围内依然"有所不为"的策略，后来被巴菲特借鉴了。

据说，巴菲特在办公室里摆着一张威廉姆斯的照片。为什么巴菲特会这么看重这个策略，甚至要挂一张威廉姆斯的照片？因为投资行业的"打击率"也相当低。

猜一下，如果在进行股票投资时，赚钱就算成功一次，亏钱就算失败一次，那么股票投资成功的概率能达到多少？

答案是大约 50%，当然还有比 50% 的概率更低的情况。在一级市场①上，一般情况下，在投资创投企业的风险投资基金时，十个项目里有一两个能成功就很不错了，可以说是"九死一生"。这不是开玩笑。回头来看 2015 年开始的创业风

---

① 也称发行市场或初级市场，是资本需求者将证券首次出售给公众时形成的市场。——编者注

潮，真正能够存活并做大的企业并不多。俗话说"人生不如意事，十之八九"，时间越长我越能感受到这句话的真实性。

但你可能会疑惑：如果抓住机会，成功的概率就是51%，再多一点就算优秀了，还有49%的概率在亏损，岂不是盈亏抵消，什么都没有赚到吗？

这就是巴菲特借鉴威廉姆斯的策略的原因，他希望投资变得更稳健，因此他更耐心地等待那些能带来高回报的机遇，就像在等一个能进入自己"理想击球区"的球。他曾经说：**"投资的秘诀就是坐在那里，观察一个又一个投球，等待最适合你的球。如果人们在旁边大喊'快挥棒'，请忽略他们。"**

如果我们去看巴菲特的公司——伯克希尔－哈撒韦公司公开的投资组合，会发现一个让我们大吃一惊的现象。截至2024年第一季度，巴菲特管理的股票总市值为3500多亿美元，相当于约2.5万亿人民币，其中近90%的资金都投在10只股票上，有一些股票他持有了十几年，当然也有一些小的仓位可能不到一年就会改变一下，但大多数股票的持有期都是3年、5年或者更长的时间，可见他"挥棒击球"的次数其实并不多。

巴菲特自己也解释过，他说："如果我们有什么优势，那就是能够认识到自己何时非常好地待在了能力圈之内，以及又在什么时候正在接近能力圈边界。"

　　硅谷中一些一级市场投资人也在践行这样的理念。在过去的十多年里，有很多创业公司冒出来，有些风险投资机构的投资方式是不断撒钱，每个创业公司的股份都沾点，比如名气很大的风投公司安德森－霍洛维茨（又名 A16Z），平均一年投资 130 多次。但也有一些老牌投资公司非常保守，比如格雷洛克公司的投资人可能一年就出手 1 ~ 3 次。

　　还有一位中国投资人叫段永平，他是小霸王和步步高品牌的创始人，和今天的 OPPO、vivo 等公司也关联密切。他的投资方法很简单：常年重仓苹果和腾讯公司。他曾说："巴菲特这么高水平的人都只能投资十几只股票，像我这种水平的人能投两三只就非常不容易了，毕竟要了解一家公司非常难。"

　　可是，能做到这一点的人还是很少的。

　　国内一些专业投资机构中的投资人的"换手率"其实非常高。"换手率"是一个专业术语，表示在一定时间内股票转手买卖的频率，反映的是一个投资人"出手击球"的次数。我们可以对比一下国内投资机构和美国共同基金的换手率。美国共同基金的换手率为 0.5 ~ 0.6，也就是近两年换手一次。再看国内机构，2021 年偏股型基金的换手率算是比较低的，但它也到了 2.4，相当于一只股票在一年内被转手买卖了 2.4 次。之前还有更高的数字，比如 5.6，相当于每两三个月换手一次。可见，"击球次数"在不同的地方有很大差异。

换手率高的结果就是，今年出现了一个明星基金经理，明年又换了个面孔，"常青树"非常少见。

减少挥棒次数

我们要做到，即使是在自己的能力区范围内的投资，也要有所不为。这其实是在一些方面对投资人提出的更高要求，比如对投资标的了解的深度、对自己判断的把握程度。

普通投资人和专业投资人的差别可能存在于两个层面：一是意识层面，二是识别机会的专业能力层面。

意识层面的差别是什么？就是普通投资人可能压根没有意识到某件事。《西游记》有一集讲的是唐僧师徒四人误入女儿国的故事，唐僧进入女儿国后就开始左躲右闪，满眼都是风险，不停拒绝漂亮女生的邀请，有所不为。猪八戒也跟着唐僧一起进入女儿国，他心花怒放，满眼看去都是机会。唐僧就相当于一位有意识管住手的专业投资人，对能力圈之内的事情也能做到无动于衷，而我们有可能就是没有意识到风险的猪八戒。

而在专业能力层面，我们和专业投资机构肯定会有差距。但做投资不仅依靠专业知识，还依靠很多其他变量。反过来想一下，我们也可以通过减少"挥棒次数"，来减少失误带来的损失。

专业投资机构也会努力减少"挥棒次数"。

有一个词叫"确信度"，我们每一次推荐投资机会，都会被上级问一个问题：你的确信度是多少？这是个主观判断，但我相信每个人在心里都会对每个机会有所判断。经过研究，你一定能知道什么事情是你雷打不动、一定要坚持做的，什么事情是你犹豫去做的。哪怕这种犹豫只是隐约出现在心底，也说明了你的确信度在下降。做投资决策的人往往会面对上百个机会，他们也会根据确信度的排序来优先选择确信度高的几个投资标的。

在专业投资机构中做研究非常耗费时间。刚入行时，我会觉得有些研究耗时太长，结论也大差不差，好像没有必要花费那么多时间做研究。但我后来意识到，这样的长流程本身也限制了投资的速度，减少了基金经理的"挥棒次数"。举个例子，原先完成一次调研就可以做出决策，现在调研次数要提高到十次。那么用同样的时间，本来可以找到十个机会，现在只能找到一个机会。这也是一种通过设定研究流程减少"挥棒次数"的方法。

普通投资人在有效认知的广度和深度上本来就存在劣势，不会什么都懂，在这种情况下，还不如把做决策的数量降下来。

我有一个很实际的建议：如果你总是忍不住频繁操作，频繁动手找机会，那你就给自己设置一个行动前的障碍。这个障碍可以是研究一段时间再动手，比如一周或一个月；也可以是规定选择的数量，比如在三个机会中只能选一个，或者在十个机会中只能选三个。**不用担心错失机会，只要活的时间足够久，机会早晚会浮现。**

人生中的重大决策

在投资中，减少"挥棒次数"是个简单的道理，那么我们在生活中应该如何"挥棒"呢？我们可以有很多个目标，也可以做很多件事情，但哪些事情会落在我们的"理想击球区"，哪些事情并不会呢？我们有没有胆量对一些机会说"不"呢？

在日常生活中，其实我们只在少数时候才会刻意思考这些问题，多数时候都在疲于应付飞过来的球。有时候被诱惑了，我们会想："万一这次运气好，能够一击即中跑出安打呢？"

想象一下，生活中也有一个"击球区域图"。我们可以思考哪些事情不仅是我们长期要做的，而且既落在我们的"舒适能力圈"内，又落在我们的"理想击球区"内。对于这些事情之外的机会，我们可能只要管住手，就可以减少不必要的风险。

比如，我很喜欢投资，这是我的"舒适能力圈"，我也会花大量时间提升业务能力，思考在这个区域内做事的方法。这本书就是我思考的结果，我也很喜欢花时间来做分享。

我还会遇到一些其他机会。我记得 2015 年全国中小企业股份转让系统（俗称"新三板"）刚推出不久时特别火爆，很多人在里面赚了钱。有位师兄来找我，说："实现财务自由的机会到了，一起出来做'新三板'基金如何？"我思考了很久，觉得自己对"新三板"没有确信度，发财的机会也就只能让给对此有确信度的人了。事后证明，在"新三板"里赚钱没那么容易，但那并不是当时的我能预判的，我当时仅仅是并不想"挥棒"而已。

有段时间，一二级市场联动投资也非常火爆。或许是因为过去高瓴资本展示了非常成功的投资案例，很多一级机构也在学习这种模式，我也陆陆续续接触到几个机会，它们很有诱惑力，似乎有所作为的空间又被扩大了。但我在研究了很多细节问题后，发现自己的确信度依旧不高。我可以做这些事，但这不是我期待自己要"挥棒"的地方。所谓的联动投资涉及很多非投资领域的问题，我并不想花精力去解决这些问题，因此我还是选择在原来的领域继续深耕。

有个词叫"情深缘浅"，"情深"就是我对这个机会很着迷，"缘浅"就是这个机会并不在我的"理想击球区"内。既然如此，我宁愿作罢。

假如你是一名工程师、程序员，或一位文艺创作者，那你的"理想击球区"一定和我不一样。有时，你也必须放弃一些机会，才能使得自己在某个机会上有所作为。

10

止损的艺术

有效自救指南

即使是在自己的"舒适能力圈"里的机会，也不是我们都要抓住的。我们要减少决策的次数，管住手，记住不确定性永远都在，再厉害的击球手和投资人的成功概率也没有那么高。

如果一击不中，出现了亏损怎么办？如果连本金的99%都亏掉了，又要怎么办？

现在，我们进入一个在实操时一定会经常碰到的更有挑战性的环节——止损。

我就有这样的"血泪史"。我在读书时有一个美股账户，当时我投资过一只股票，这只股票的价格后来竟然下跌了99.9%。是什么股票我就不说了，但是请你想象一下，股票的价格跌了99.9%是个什么概念。幸好我当时没有搭进全部家当，现在我还很是后怕。

当然，我在这里也可以剖析一下自己，研究一下究竟为什么会亏掉这么多。不知道你有没有过这种感觉——在做投资时，账户里的钱会变成一串虚拟数字。我们在心理上会有一本虚拟账本。这些钱亏也好、赚也好，都不会像拿在手里的钱那样给我们带来相对真实的感受。因此，虽然当时股票的价格在下跌，但我觉得只要没有卖出股票，虚拟账本上的亏损就没有成真，股票的价格还有涨回去的可能；而一旦卖出股票，股票的价格就算涨回去也与我无关了。于是，即使股票的价格一直在下跌，我也觉得不能卖出股票——哪怕留给后代，说不定哪天也能回本。

这就是虚拟记账，也是多数老投资人的心理写照。但它实际上是一种逃避，尤其是对"血淋淋"的金钱损失的逃避，毕竟损失是谁都不想面对的。但事与愿违，这种不想面对、试图用时间来换空间的做法，导致我一等再等，损失越来越大，最终等来了 99.9% 的亏损。这对我来说就是一记耳光，我的黄粱一梦，梦醒了。

面对亏损，专业投资机构如何自救

有没有比较好的应对方法呢？我们来看一下专业投资机构的投资实践。

专业投资机构在投资实践中亏损 99% 的情况应该非常少见。偶尔会出现的爆仓，比如本书开头提到的比尔·黄的故事，其原因是操作上有重大合规问题。我并不认为他们的风险控制团队真正发挥了作用。

在通常情况下，专业投资机构会被动止损，强制卖出股票；如果是其他类型的投资产生了亏损，就强制清算变现。

那么，是什么约束力量，让它们能止损卖出，而不是等待价格回升呢？

一是系统加持。这相当于铠甲护身，强制止损。正如前文所述，专业投资机构中的风险控制团队会追着投资人进行止损。

二是通过合同、合约明确止损线。在成立每个基金产品时，基金公司都会签署一份基金合同，其中会详细规定预警线和止损线。基金公司不执行合同里的条款，就会被投资人告到法院。这个强制手段是有法可依的。

再介绍一个具体一些的情况。比如，一个基金产品在成立后的前两年都赚了钱，第三年跌了30%，整体来看，这三年并没有亏损，那还需要止损吗？

答案是需要。这种需要不是基于基金合同的要求，而是基于公司内部的要求。止损线有很多种，包括年度止损线、月度止损线、整体止损线等。比如，有的公司会规定年度止损线是30%，从每年1月1日重新开始计算；或者，每个月的亏损不能超过15%，从每个月的月初重新开始计算。总之，止损线可以层层嵌套。风险控制团队会把每月、每年犯的错都滚动计算一遍，这样就能做到"天网恢恢，疏而不漏"。

可见，专业投资机构也要依靠外力制衡止损。毕竟止损是一件违反本能的事，很少有人天生就会止损，而且人们在止损时没有一点心理障碍的概率大概低于1%。

普通人亏损了还能怎么做

我们面对的第一个问题就是：普通投资人可以怎么止损呢？

我通过惨痛教训得来的第一条经验就是：**无论如何，一定要在自己的心理虚拟账本中设置一条止损线。**

专业投资机构的做法值得借鉴，但我们不能照抄。专业投资机构通常会等损失达到30%后才强制止损。但对个人来说，我观察到的现象是，亏损达到30%后，很多人就会灰心丧气，直接放弃，这也符合正常人的情绪。

我的建议是，**把止损控制在更小的范围内**，比如10%或15%。我在量化投资策略里见过更严格的止损线：只要下跌到了成本线，即使还没有产生亏损，也照样把投资标的清仓。当然，这只是个参考，我们肯定不会把止损线定得这么严格，不过这样做之后，我们的负面情绪和心理负担会降低很多。

随之而来的第二个问题是：我们又没有风险控制团队，常常因忽视或忘记而注意不到自己该止损了，这时要怎么办？

我一般会用一个非常简单的提醒功能提醒自己。几乎所有投资应用程序上都会有这个功能，只需要把具体的条件填进去，一旦达到你所设定的条件，应用程序就会自动弹窗提醒。**不要依靠别人，没有人会比你更关心自己的钱包。**

马上第三个问题又来了：即使有提醒，自己也无法下决心，这时要怎么办？

这种情况也很常见。道理都懂，但事到临头，自己总觉得："万一决定错了呢？""万一止损之后，价格立马反弹了呢？"这其实是一种非常典型的"后视镜效应"，在我们的生活中经常出现。简单来说，就是自己明明已经做错了，却还是选择先拖着，担心止损后情况又变好。心理学上也有一个专门的术语形容这种状态——"损失厌恶"，就是指损失带来的痛苦大于收益带来的快乐。

我自己总结了一个方法，让止损的过程变得不那么令人痛苦，就是**分阶段止损**。举个例子，假设我的亏损接受度是10%，亏损接近10%时我会变得犹豫不决，下不了手，强烈期待反转发生。此时，我可以选择先止损一半，这样心理上的接受度会高一点，毕竟还留着剩下的一半，可以观察后续变化。如果最坏的情况发生，我的损失也会减少一半。

剩下的一半怎么办呢？再设置下一个止损线，比如可以是下一个 10%。如果情况再恶化，就再重复一遍上面的动作。当然，这并不是最优方法，最优方法大概和机器人做决策一样，二话不说立刻止损。但我们是人，要超越本能很困难。**既然实现不了最优解，就寻找次优解**，这本身也是一种生活态度。

如果把自己逼得太厉害了，我们的情绪可能也会受到影响，变得很糟糕。从折中的方法开始，先行动起来，走出第一步，总好过原地踏步。

说实话，我有时候也会很自责，不过只要是人就一定会出错，这一点不用怀疑。止损的出发点就是控制风险，而不是赚钱。只要这个目的能达到，我们就可以保持坦然。

积极自救，不要侥幸

如果讨论到这里，你还觉得亏损的后果并不算十分惨烈，那就来看几个"血淋淋"的事实。

如图 10-1 所示，我们来盘点一下几种比较典型的投资标的自 2008 年以来的最大跌幅。最大跌幅的含义是：从 2008年至今，你在股票价格最高点买入后，在股票价格跌到最低点时所承受的损失。当然，我们不一定会买到价格最高的股票，因此这只是一个假设，但可以作为一个参考。

（%）	−10	−20	−30	−40	−50	−60	−70	−80	−90

881001.WI 万得全A −56.8

000300.SH 沪深300 −41.1

000016.SH 上证50 −71.9

399102.SZ 创业板综 −68.3

HSTECH.HI 恒生科技 −75.3

HSI.HI 恒生指数 −56.4

IXIC.GI 纳斯达克指数 −37.8

SPX.GI 标普500 −27.5

T.CFE CFFEX10年期国债期货 −6.8

B.IPE ICE布油 −86.4

SPTAUUSDOZ.IDC 伦敦金现 −45

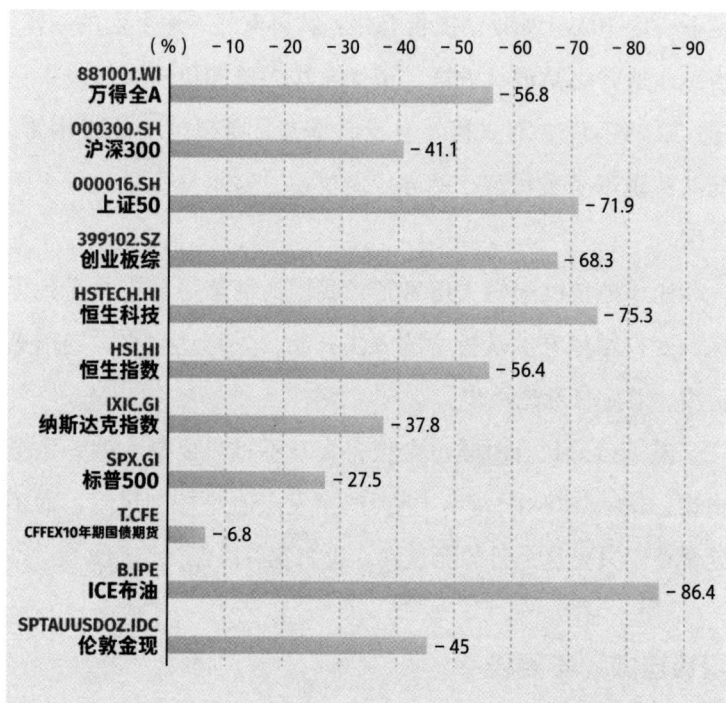

图 10-1　股票指数自 2008 年以来的最大跌幅

　　所有股票市场都出现过特别恐怖的大幅下跌情况。比如，我国的创业板指数的最大跌幅接近 70%，而美国纳斯达克指数的最大跌幅接近 40%。黄金看起来的确是更安全的资产，但其最大跌幅也超过了 40%。

　　那石油呢？尽管大家似乎都觉得石油价格易涨难跌，但在我们的考察区间里，它的最大跌幅竟然超过 80%，因此我们在石油领域投资时也要谨慎。

此外，你是不是觉得货币基金类产品不会产生亏损？这类产品的收益率差不多是 2%，理论上属于非常安全的资产。然而，在 2008 年金融危机时，美国的一只货币基金由于重仓购买了雷曼兄弟的商业票据，也阶段性地亏损了 3%。

另外不得不提的是房地产。我的老家在三四线城市，当地的朋友特别喜欢买房，能多买一套是一套。当然，在投资领域中，房地产是非常重要的组成部分，一些知名大学也会将捐赠基金中相当比例的资金投到房地产上。但房地产的价格会一直上涨吗？

站在今天，你肯定会说"不会"。这就是"后视镜效应"，毕竟你已经看到如今的数据了。而如果是在两年前，你可能会陷入另外一种狂热的情绪中。

其实，在历史上，很多地区的房地产价格都出现过周期性下跌。

举例来看，2013 年至 2014 年，北京的房价下跌超过20%，而北京还是我国的核心城市。在香港，因为地少人多，房地产价格也是出了名的高。但在 1997 年至 2003 年间，整个香港的平均房价也下跌了 65%。放眼海外，如果以"凯西·席勒房价指数"来看，美国市场在 2008 年的最大跌幅接近 20%。

我展示了这么多数字，其实是想向你说明：任何可投资的资产都有潜在风险，而且这些风险比我们想象的更大。

因此，**止损应该是我们在应对风险时的家常便饭。**

日常生活中的止损

我也会把止损线用到生活中。

我想分享一个概念——"情绪止损"。情绪也是资源，用光了就没了。

我从前对自己非常苛刻，一旦犯错就反复责问自己。事情过去没过去不重要，关键是要自责、要反思。后来，我把止损的想法用到自己的情绪上，只要自责超过一天，我就会提醒自己：情绪消耗已经到 –10% 了，这就是止损线，我要就此打住。情绪能量是有限的，剩下的情绪能量我要用在下一件事情上。

当然，这件事说起来好像特别简单，而实际做起来，**需要持续不断地给自己心理暗示，才能养成习惯。**

一位朋友也和我分享过他的情绪止损经历。他主要将情绪止损用在和伴侣的关系上，毕竟两个人在一起，不吵架是不太可能的。他们吵架的一般流程是这样的：发火、生闷气、冷战、消耗战，最后再和好。他的做法是直接说："后面的流程我们都知道了，不用再走一遍了，就此止损好不好？"然后认错。"假装认错"也算认错，至少两个人接下来就可以用相对正常的情绪去做自己的事情了。

一些心理疗愈手段在本质上也是在为我们进行情绪止损。

我遇到过一位做儿童教育的朋友，她的一个项目是帮助受过创伤的小朋友走出阴影。我觉得她用的方法在本质上也是画出止损线。具体做法是：让小朋友身处一个他们觉得比较安全的空间中，把自己受到的创伤和感受到的痛苦写下来或者画在纸上，然后通过一个简单的仪式，让小朋友把这些创伤和痛苦"倒掉"，就像是在心理层面上与它们做一个切割，让他们可以继续往前走。这就是用心理疗愈的方式进行情绪止损的例子，小朋友如此，其实成年人也可以如此。①

无论是在投资中，还是在日常生活中，如果你能提升自己的止损能力，就会让自己少一些纠结和内耗。倒不是说这会让你变得多豁达，但至少你走起路来会觉得轻松一点。

---

① 相关行为请在专业人士指导下进行。——编者注

11

两个工具

分散与对冲

投资的成功概率非常低，亏损也总会发生，我们一定要有防风险预案。如果风险必然发生，哪些策略能让我们防患于未然，或让风险发生的后果不至于太过惨痛？

分散

前文提到过我自己的一段惨痛经历——我买的一只美股下跌了99.9%，非常可怕。好在我没将全副身家投入这只股票。这其实就是一种很常见的分散风险的方式。

用大白话说，就是"不把鸡蛋放在同一个篮子里"；用"高大上"一些的术语说，就是"要优化资产配置"。

巴菲特就是资产配置的高手，虽然他的出手次数并不多，但是他会投资不同的领域。他不会将重仓的10只股票都押宝在能源领域上，或者满仓苹果公司的股票；而且，他不仅投资股票，也投资债券和外汇。

分散可以体现在不同的形式上。

例如，我们可以在同一种资产上分散投资：不是只买一只股票，而是买同一个行业的多只股票，也可以买不同行业的多只股票；或者在地域上分散，比如美股、港股都涉足一些。

我们也可以在不同资产上进行分散：比如，持有一些银行理财，同时也持有股票、债券或者一些黄金。

无论怎样分散，目的都是让"东方不亮西方亮"，即使亏损，我们也不会像比尔·黄一样把自己的全部财富都搭进去。

"不把鸡蛋放在同一个篮子里"是一种生活智慧，金融行业的从业者又把这个策略发展了一下。

金融行业的投资人在实践中逐渐意识到，简单地将投资分散在不同标的上是不行的。比如，当房地产市场低迷时，相关的行业，例如水泥、钢铁、家居家装等市场也会很低迷。因此，只把投资分散在这些相关度特别高的行业中，起不到真正的分散作用。可见相关性是一个非常重要的因素。

那么，什么行业之间的相关性比较低呢？比如，你将一部分资金投进科技行业，将另一部分资金投进奢侈品行业。在科技行业不景气时，芯片领域的股价也会下跌，但这并不影响奢侈品行业的行情，要买包、买珠宝黄金的人还会继续买。

专业投资机构会用严谨的统计学方法来计算行业相关性，

然后再做配置。

我们可以看一个案例。在投资界，资产配置的集大成者就是耶鲁大学的捐赠基金（以下简称"耶鲁基金"），其主管大卫·F. 史文森（David F. Swensen）是资产配置界教父级别的人物。他开创了投资界所谓的"耶鲁模式"，也就是多元化投资，还把投资边界拓展到当时大家不常接触的另类资产上。史文森管理耶鲁基金长达36年，基金规模从13亿美元增长到了300多亿美元。他是如何进行分散的呢？

他把投资分散到以下几种资产上：美国的股票、美国以外的股票、一级市场的股权投资①，再加上房地产、油气、磷矿等行业的绝对收益产品，还有现金和债券。先忽略一些晦涩的金融名词，你可以从直观上感受一下，他的投资范围是不是比我们广很多？

我们最常接触的二级市场股票只占他投资规模的15%，其他投资都分散在各个资产板块上。在每个板块之内，还有更分散的投资标的。

简单对比下来，我们就有了更直观的理解：耶鲁基金的资产配置做得非常好。那么，其投资收益如何呢？在过去10年里，耶鲁基金的年化收益率大概是10%，考虑到其几百亿美元的规模，这个收益率其实相当不错。

---

① 也就是我们常说的风险投资基金。

这和我们经常从理财经理那听到的资产配置情况，差异是不是还挺大的？

对冲

说完了分散，我们再来看第二个应对风险的策略：对冲。

可能你觉得耶鲁基金已经很厉害了，但即使做到这样的配置，也难免会遇到风险。有句话是这样说的："我终于学会了把鸡蛋放在不同的篮子里，但没想到装篮子的车翻了。"

史文森这位"资产配置界的教父"也遇到过"翻车"的情况。2009年，耶鲁基金的收益下滑了24%。以它的体量，比例如此巨大的下滑是非常恐怖的，它损失了几十亿美元。2008年金融危机发生之后，很多连锁反应还在发酵，因此即便耶鲁基金配置非常好，也抵不过整个行业面临的灾难。

在这种市场整体都处于波动状态的情况下，一种常见的应对策略就是对冲。

"对冲"这个词估计大家都听过，听上去它和华尔街有很密切的联系。金融界有一个所谓的"鄙视链"，提到基金，你可能会觉得"还行，不错"，但在前面加上两个字，变成"对冲基金"之后，你可能马上就会觉得它很厉害。

对冲到底是什么？为什么显得这么厉害？我们还是用一

些简单的比喻剖析一下。

分散投资要找不太相关的东西，而对冲则要找相反的东西。这里的关键词是"相反"。如果我们投资一个 1，再投资一个 –1，把它们加在一起就等于 0。我们也可以投资 10 个 1 和 10 个 –1，它们加起来依旧等于 0。这时我们就说，二者对冲了。

假设我们投资了鸡蛋和鸡肉，如果鸡蛋涨价了，鸡肉也会涨价，这叫分散，并不是对冲。如果我们先投资了一些猪肉，同时担心发生猪瘟，又投资了一些牛肉，结果猪瘟发生之后，大家都不敢吃猪肉，猪肉价格就会下跌，而这就利好了牛肉，大家改吃牛肉了，牛肉价格就会上涨，这时，牛肉和猪肉一涨一跌，价格波动就对冲了。

我再举一个你可能没有意识到，但其实是在做对冲的例子。

你或许经常看到有人说黄金好，一定要买；很多投资基金也会买相当多的黄金。比如，全球知名的桥水基金（Bridgewater Associates）就长期配置了黄金。当然，它们不会直接买金条，而会通过期货市场或黄金的指数基金来进行配置。它们是因为预判了黄金价格要上涨才买这些基金的吗？

很多时候并不是。它们将持有黄金作为一种对冲手段。

一旦一些我们没有预判到的事情发生，资本市场就会出现大跌，大家会恐慌性地抛售其他投资产品，同时还会一窝蜂地购买黄金作为避险资产。这时，黄金价格就会上涨，这样一涨一跌，一正一负的情况就出现了。

这些持有黄金的机构，往往也持有相当数量的股票资产。因此，黄金价格的上涨会抵消一部分股票的下跌。

如果非要说桥水基金这些公司预判到了我们没有预判到的事情，那我是不相信的。从业至今，我知道黄金的价格很难预测，也没见过有人能够把预测的方法论讲得很透彻，还能在实操中持续赚钱。2008 年，一位叫约翰·保尔森（John Paulson）的基金经理因做空美国市场而一战成名，他也是电影《大空头》主角之一的原型。后来，他变成了一个黄金的多头，一直看好黄金，但也因为投资黄金而承受了很大亏损。他也搞不清楚预测金价的方法论应该如何讲透。

实话实说，没有人能预测未来会发生什么。但是，基于对宏观风险的对冲，在投资中持有一部分黄金是没问题的。

另外一个很好理解的例子是航空公司。我们买飞机票时都会支付燃油附加费，而航空公司的很多成本都在石油上，如果油价上涨，它们的成本就会大幅飙升，因此可能会购买原油期货来对冲油价上涨。如果油价上涨，原油期货就赚到了钱，对冲了成本上升的损失。

这样，我们也就明白了对冲基金是干什么的——在全球范围内寻找"相反"的资产，减少单一类别资产遇到风险所带来的损失，防范小概率事件发生所带来的影响。这些资产可以是股票（用股票和股票对冲），也可以是股票和其他资产。我们用巴菲特来举例，他在 2023 年买了很多日本的股票，同时做空了日元，这样就可以防范日元贬值的风险——这就是一个典型的不同资产的对冲策略。

找"相反"的东西是控制风险很好的手段。总之，我们可以用到的工具非常多，选择面也很广，还需要强大的数据处理能力和研究分析能力。这听起来是不是比简单的资产配置有意思多了？

生活中的对冲和分散

那么，这两个应对风险的策略，我们普通人要怎么在生活中应用呢？

分散还是比较容易应用的。我们很容易接触到的投资方向有银行理财、定期存款、基金、股票、债券和黄金等。我们可以按照自己承受风险的能力，在这些资产之间做分散化投资。后文会详细讨论这一系列投资方向。

我们可以检查一下自己资产的健康状态，确保单一资产占比不超过 50%，否则，我们的财务风险几乎就会被这个占比超过 50% 的资产左右。在这种情况下，我们一定要好好评估这个占比最大的单一资产是否处在高风险状态，同时一定要将剩下的资产配置在风险很低的范围内，给自己留足现金流。

我们再来看一下普通人如何运用对冲这个工具。

对冲看起来不容易应用，但其实在我们生活中应用得很普遍。比如，买保险就是一种对冲。显然，如果我要对冲生活中的"黑天鹅"，就会给自己买几份作用不同的保险，有的针对重大疾病，有的针对意外。如果发生意外，我至少可以有一笔现金流入，以抵消现金流出的损失或非现金层面的损失。当然，我并不是在宣扬保险的作用，你千万别把我当成保险推销员。

很多人有一个误区，那就是把保险当作理财来买，所谓的"理财险"也被推销得很频繁。这是一种有偏差的想法。保险是对冲工具，它的作用就不是理财。在你真正需要理赔时，你会发现不少以理财为名义的保险产品在条款里挖下了很多"坑"。因此，我们看一款保险产品，最重要的是看它能在多大程度上对冲"黑天鹅"带来的影响。至于它长期的投资收益率是 3% 还是 5%，根本就不重要。

在这里我也想纠偏一下，**如果是为了对冲生活中的意外，**

我们就要选择合适的保险产品；如果是为了获得收益，我们就要选择更专业的投资机构提供的理财产品，千万不要搞混了。

总之，对冲的底层逻辑就是考虑有没有方法能减少小概率事件带来的损失。如果我们把生活看成一个投资组合——就像我们说"生活处处是投资"一样，其中的理念也是类似的。

比如，现在不少家庭中，夫妻里有一方会选择不外出工作，全职照顾家庭。全职妈妈比较常见，全职爸爸我也认识一些。在这种情况下，一旦家庭关系或工作一方的职场技能出现问题，这个家庭可能就会陷入困境。美国学者、诺贝尔经济学奖获得者克劳迪娅·戈尔丁（Claudia Goldin）研究了美国女性 19 世纪 40—60 年代的共同经历：在第二次世界大战结束后，很多人选择早早生孩子，也有不少女性自愿或被迫离开职场，结果到了 19 世纪 60 年代，美国的某些州开始允许民众单方面离婚，这时一些全职太太就会遇到困难——因为没有收入来源，重返职场也并不顺利，所以这些女性人到中年却进入了艰难度日的状态。

当然，这是很多年前美国的案例，并不能说明我们今天的情况，但它是一个研究样本。

如果要举当下的例子，今年网上很流行"中年破产三件套"的说法：贷款买大平层、孩子上国际学校、太太不上班。这是一种"高度集中"的情况：资产很集中——都在房子上，生活也很集中——丈夫一个人赚钱。一旦遇上了经济困难，这样的家庭就会非常被动。

在工作上，我也有类似的思考。我自己现在把 80% 的时间用在主业务上，同时也把 20% 的时间用来尝试别的东西。

我会投入一些时间学习编程语言，虽然这件事看起来和做股票投资没有太大关系，但实际上它就是我做的一些分散。同时，懂一些编程知识，我也可以更好理解地怎么做量化投资，它对我来说也是一个全新的领域。因此，我在做好主线之外还要将时间和精力投入一些其他领域，也就是把"分散"用在工作技能的培养上。

我们再回过头来看一下对冲。我认为**对冲不仅是一个工具，而且是一种思考方式**。有一个非常经典的场景：公司领导在批评某个同事之前都会先表扬他几句，其出发点就是想对冲一下员工在受到批评后产生的不适感。当然，实际效果如何，可能每个人会有不同的感受，但这是对冲在交流中的一种应用。

我一直觉得，很多金融理念来源于生活。你看，虽然对冲是个金融术语，但其中的智慧，早就被我们用在生活中了。

12

止盈的智慧

见好就收的"魔法"

止损本身是有些反本能的，止盈也是。

亏钱了需要收手，赚钱了也需要收手吗？当然需要。

假设你手上有 1000 元，投资了一只股票，你是在股票价格涨到 1100 元时把股票卖掉，还是在股票价格涨到 1500 元时把股票卖掉？

你在股票价格涨到 1100 元时把股票卖掉了，万一之后股票价格又涨到了 1500 元，你会自责吗？假如是我，大概率会。如果你没有卖，以为股票价格还会涨，但它不仅没有涨，反而跌回了 1000 元，你会不会难受？这也是一种十分常见的情绪。导致这种情绪产生的是"锚定效应"：我们会去锚定价格的最高点。

我经常听朋友抱怨："唉，当时我差一点儿就赚了 20 万元""唉，当时房价太高了，我差一点儿就把房子卖掉了"。这里的"差一点儿"的意思就是没有赚到钱，心情像是坐了个过山车，心里就会总想着曾经出现过的最高价。更糟糕的可能是，在高点时没有卖，结果价格一路下跌，出现了亏损，我们的情绪就会在悔恨和恐惧中徘徊。

有一句俗话说："会买的是徒弟，会卖的才是师父。"

我们都知道应该"低买高卖"，但问题就在于，谁也不知道那个低点和高点在哪里。 投资的周期性也在于此，你以为高点远远没有出现时，它其实已经真的来了；你以为低点永无止境时，它又悄悄过去了。周期性里隐藏着不可预测性。

在下行周期里，我们用止损来控制风险。在上行周期里，我们用卖出来控制风险。这种风险叫"事前风险"：它还没有发生，但它一定会出现。

投资机构怎么做

我们来看一看投资机构是怎么做的。

关于盈利后应该在何时卖出，投资机构其实也有一个专业的术语："止盈"。简单理解就是让盈利停止。

人们对止盈并不会像对止损那样有强制性的要求。止损条款是写在公司的风控条例或合同里的，但不同公司对于止盈没有统一的规定。可以说，读者的心中有一千个哈姆莱特，公司就有一千种策略。

我在这里列出两个比较常用的策略，供你了解。

第一个策略是确定一个目标收益率。这是很简单的一个策略。比如，我们以前经常把"三年翻一倍"作为目标——你看，"神奇的数字3"又出现了——在三年中的任何一个时间点达到了翻一倍的目标，就将投资产品卖出。这种三年目标是我在一些比较能够坚持长期主义的投资机构里经常听到的。

话又说回来，国内很多机构对基金经理的考核期是一年。这其实是和长期主义有冲突的，绝大部分甚至可以说几乎所有的基金公司，都会关注基金经理一年以内的目标，甚至还有更极端的。我有一个做投资的朋友，他供职的机构内部是按照基金经理的月度收益来排名的，因此他定的收益目标叫"按月来"，实现起来真的非常困难。

第二个策略非常直白，它会直接给出一个数字作为卖出的目标价格。

如果你看过一些流传出来的股票研究报告，就会在第一页看到"目标价"这一栏。比如，茅台的目标价是 2000 元。这个目标价是由几个不同的参数相乘得出的。

有时候我们会有一种印象，就是研究员都是在摆弄数字，就像数学家一样，非常专业。但这种看法其实是很主观的，其中包含很多对公司业务、股票市场和其他外部因素的主观判断。我们经常在媒体上看到的"基本面分析"，指的就是对公司的业务进行研究和判断，其中可能会有一些客观事实，但也有很多预测。一提到预测我们就知道，一定会有主观性。

因此，如果你听到某个专业的投资人说，他认为股价会涨到某个水平，你也千万不要太相信，因为他说的不是科学，而是他个人的主观预测。我们不要"神化"专业的投资人。

为什么那么难

有了以上两个策略，专业的投资人是不是就能执行得很好？不见得。对于应该什么时候卖出，他们也会难以下定决心，甚至有时给自己定好了一个目标，却依然下不了手。

之前有过这样的情况，我们投资标的的价格从高点全部跌了下来。遇到这种情况，公司上级就会对我们说："你们为什么不过来按住我的手让我把它们卖掉？"肯定没人敢按住他的手让他卖股票的呀。但这句话非常形象，到了出手的那一刻，不论是我们，还是我们的上级，的确心里都是会犯嘀咕的。

但我还是想澄清一下，除了个人原因，其实还有一些外部因素影响止盈。外部因素对投资人行为的影响是非常大的，有时候，对投资人来说，"不敢卖"也是一种迫不得已。这里说的外部因素就是考核制度。

很多基金公司考核的是"相对收益"。什么叫"相对"？就是找一个基准做对照。比如和邻居家的孩子比，我的数学成绩比他高 5 分我就赢了。但我俩到底是分别考了 60 和 65 分，还是 90 和 95 分，都不重要，我的分数更高就好。

基金的相对收益考量的就是与市场上的平均表现相比，你的基金收益水平是更好还是更差。市场上的平均表现通常会用一个"市场指数"来衡量，比如上证指数、创业板指数等。在市场特别火热时，基金经理不敢怀有"赚到钱就收手"的心态：万一市场继续火爆，一旦收手，相比之下自己就"输了"，而"输了"就等于考核不及格；要是不收手，即使后面市场价格下跌，相比之下自己也没有输，那么考核就能通过。

这就是制度设计有意思的地方。一个制度本想激励员工做得比市场平均水平更好，却导致了负面激励——让员工不敢"止盈"。一个制度、一个决策，一定既有正面效应也有负面效应。

现在以"绝对收益"为衡量标准的考核制度越来越多。顾名思义，"绝对"就是定好一个数字，比如定成 10%，收益率一到这个数字，你就可以毫无顾忌地"止盈"。

当然，即使有了"绝对"目标，它也不一定能被完全落实，还是需要用信息系统引导大家。大型机构都有很强大的信息系统。它会直接通过交易系统设置自动化的指引指令，到了目标价就可以自动执行，哪怕你不记得要做这件事，系统也会执行指令。

如果你或者你的朋友投资过美股，你们对此会更熟悉。很多美股券商的应用程序可以设定卖出价格，这个价格的有效期非常长，可以是一年、两年，甚至更久。在此期间，产品的价格只要达到目标价格，该产品就会被自动卖出。这是一个非常好的外部工具。

但如果你看到这些工具，就相信机构真的能做得非常完美，那么不好意思，我要打破你的幻想了。问题还是出在人身上。我见过很多人为干预系统的案例，已经到了目标价格，投资人却不想卖了，觉得价格还会涨，就去系统里把目标价格调高一点。这是不是很简单？为什么这么做？还是因为"人有两颗心"。你没有签合同来对目标价格进行限制，预定操作就没有办法被完美地执行。

一步步落袋为安

如果机构中的投资人都做不到那么完美，我们普通人能怎么做？

我觉得，"止盈"其实不是一门写在书上的技能，它更像是一种智慧。我可以给出一些个人经验供你参考。

第一，做投资时，我们要对自己宽容一点。无论是卖早了还是卖晚了，我们肯定都会犯错。围棋里也有一个词叫作

"落子无悔"。我们不能反复咀嚼发生过的事，在必要时，我们还是得做一下情绪止损。

第二，我们的确可以像投资机构一样给自己画一条线。

这条线怎么画？我们需要一个参照物，这个参照物就是"长期复合收益率"，它会让我们的心态更加客观。如果将周期拉长到 10 年，不同的投资标的会对应不同的投资回报率。

用美国股市举个例子。美股大约有 10% 的投资回报率。假设我们现在拿一笔钱投资美股的纳斯达克指数，一年有 15% 以上的收益，相对于这一市场的长期平均回报 10% 的水平，我们已经有了 5% 的超额回报，这时我们就应该有所行动了。

即使我投资的是单一股票，这个方法也可以用。我们可以去和整个市场的水平做对比。假设今年整体市场情况非常不好，跌了 10%，但我们的股票反而涨了 5%，相对而言我们做得就非常好了，我们要见好就收。假设你的目标收益是 20% 以上，虽然你离目标还很远，但是换一个角度看，别的股票已经跌了 10%，而你还有 5% 的收益，这意味着相对而言你已经赚了 15%。用这种相对思维，你就可以比较客观地判断自己的投资处在什么水平了。

这种思维也可以用在其他投资标的上。如果你投资的是理财产品，这个理财产品相对于其他理财产品的收益如何？如果它的收益高出其他理财产品一大截，这时我们就要想一想它背后会有什么风险，是不是应该止盈了。

现在我们已经画好了这条线。你可能会说这就是纸上谈兵，自己还是动不了手。专业人士如此，我们普通人就更容易这样了。

不一定要下狠手、一刀全切，你大概率舍不得。我们可以用与止损相同的方法，即分阶段进行，卖一半留一半。

也就是说，如果实现了止盈目标，就需要考虑一下未来的周期性风险。但是你的投资标的价格还在上涨，你心里舍不得，就可以只把一半金额的投资产品卖掉，保留另一半给自己。未来无论是后悔也好、自责也好，你都给这些情绪留了一些空间。

这种思维能用于止损，也能用于止盈，这就是投资的妙处。在生活中，很多事情不会给我们留那么多余地，但在投资的世界里，我们总是可以多留一些余地的，这个余地主要就是留给我们的情绪的。

说到这里，我还想分享一个很有意思的观察。不少人会认为牛市是赚钱的大好机会，但实际上大家往往会在牛市中亏钱。

随着市场价格一路上涨，很多投资人倾向于买入越来越多的股票，买入成本也越来越高。一旦市场见顶，掉头向下，这些价格比较高的股票会首先出现亏损。而在熊市里，大家恰恰都非常谨慎，市场价格越跌越多，大家反而不敢买入股票，这也导致在熊市里，投资人整体的亏损没有在牛市里多。

当市场极度火热时，我们应该做什么呢？其实我们应该止盈，而不是在市场最疯狂时依旧继续买入。

止盈的智慧

我见过的将止盈智慧用到极致的投资人，是彼得·林奇（Peter Lynch）。他写过一本书，中文名是《战胜华尔街》，听起来就非常有意思。

他在 20 世纪 70 年代成为富达投资集团（Fidelity Investment Group）的基金经理，富达投资集团当时是全球规模最大的顶级基金公司之一。林奇管理的麦哲伦基金也是一个传奇，它 13 年间的年化收益率接近 30%，基金规模也从不到 2000 万美元成长到 140 亿美元。

在那个年代，140 亿美元是个天文数字，比一个小国家一年的 GDP 还多。当时林奇有多厉害呢？他和巴菲特、索罗斯被放在一起讨论。到了 20 世纪 80 年代末，媒体上给林奇冠上了各种称号，比如"全球最佳基金经理""最传奇基金经理"等。

但在 1990 年，林奇突然宣布退休，舆论哗然。他的做法不符合常规路径，当时的常规路径是一个人在名声达到高峰后从公募基金辞职，立马成立自己的私募基金，借助之前的名望大力募资，做一个超大规模的私募基金，然后就可以实现个人财富指数级别的飞跃。但林奇选择了退休。

这个故事让我很惊叹。敢于站在业绩最好的职业高点上退休，这一选择的背后不仅仅是理性考量，比如他在公开信里提到的，想要回归家庭、关注个人健康等，其实还需要非常大的勇气。后来我看到，他在解释为什么选择退休时是这样说的："你必须做出选择，是继续为了赚更多的钱而生存，辛辛苦苦做一辈子金钱的奴隶，还是让赚的钱为自己服务，从此成为金钱的主人，让自己享受更多人生。"

林奇是在界定良好的情绪边界时，探寻到了更本质的东西：让自己的选择和自己的生活价值相结合。他在止盈之后，也的确进入了人生的下一个阶段：他用更多时间陪伴孩子和家人，参与成立了一个慈善基金，支持医疗、教育、文化、历史方面的研究。这是他主动选择的结果。

你看，**投资只是生活的一部分，生活中还有很多东西值得我们发掘。**

将止盈的智慧带入生活

像林奇一样赚了那么多钱还能够急流勇退的人可能不是

很多，我也无法照搬他的做法，而且说实话，我也没赚那么多钱。但在知道他的经历后，我对止盈的智慧有了更多的反思和感悟：这其实是在向不确定性和周期性表达敬畏，也是在让自己明白，人总是要走入下一个阶段的。

有一句老话叫作"月盈则亏，水满则溢"。我也会把这种心态用到工作和生活中。比如，我这半年工作很顺利，一路突飞猛进，投资什么都赚钱，做什么项目都能成功。我的信心越来越强，再强一点我甚至要"飘起来"了。这时，我就会提醒自己：该止盈了，得调整一下情绪和自己的状态，没事别老在别人面前晃来晃去，说话声音小一点，讨论问题谦虚一些。我们经历过顺境，也一定会遇到困境，在心态上做好准备，我们才能更好地度过可能出现的下行周期。

13

请更新投资地图

避开路径依赖

如果你已经看完了本书前面的部分，现在我可以很高兴地告诉你，你大概率已经在脑海中形成了一个简单版本的投资闭环了。

既然我们已经走出了一条投资的路径，是不是能够一直沿着它走下去呢？我再来讲一个故事。

孙正义的故事

这个故事是关于日本一位很有名的投资人——孙正义的。他是日本软件银行集团（简称软银集团）的创始人，曾在很多年中是日本首富。你可能不熟悉他的名字，但一定熟悉阿里巴巴。孙正义就是阿里巴巴的早期投资人，这也是投资史上非常精彩的一笔。

据说孙正义和阿里巴巴的创始人在 2000 年初次见面时，相谈不到 10 分钟就决定向刚刚创办的阿里巴巴投资 2000 万美元，后来又陆续追加投资。总体来看，他仅用 8000 万美元，就换来了阿里巴巴约 30% 的股份。2014 年，阿里巴巴在美国纽约证券交易所上市，软银集团持有的阿里巴巴股份的价值翻了约 3000 倍，这是一个非常"恐怖"的数字，在财务和名誉上都创造了巨大回报。孙正义作为一名外国投资人，投资了中国的一大互联网"巨头"，现在这个"巨头"还影响着我们生活的方方面面。

在投资阿里巴巴之前，孙正义还有一个"代表作"，就是投资了雅虎。早在 1995 年，孙正义就向刚刚创立的雅虎投资了 200 万美元，之后又追加了 1 亿美元，收购了雅虎 33% 的股份。在互联网泡沫时期，这笔投资把孙正义送上了日本首富位置，据说他的这笔投资让他赚了 80 亿到 90 亿美元。

孙正义的投资逻辑其实比较直观易懂：只要是风口上的企业，就不惜代价重金投注，让其迅速扩张，成为"独角兽"，之后上市套现。在 20 年前，这是一个相当有胆识、魄力和眼界的做法。孙正义后来还成立了"愿景基金"，从基金名字就能看出，他认为自己能看到几十年后的长远图景。

当时的第一期愿景基金也是一个"巨无霸"，其 1000 亿美元的规模震惊了当时的投资界。其他风险投资基金和它对比起来，就像是小渔船和航母之间的对比。问题来了：这么大规模的基金，要怎么投资？这或许就是孙正义失败的开端。

孙正义沿用了他最初对互联网时代的理解和经典套路，

试图复制以前的成功案例：找出风口，用大笔资金，以很高的估值投入。资金量大到什么程度？大到企业正常发展不需要那么多资金的程度。

这样"烧钱"使企业可以低价补贴，快速扩张，"烧"出更多用户，也"烧死"没钱的竞争对手，达到"赢家通吃"的理想状态，然后抬高价格，开始赚大钱。这个模式我们也很熟悉——钱"烧"得越多，用户越多，公司的估值就越高。当时的投资人很欣赏这套逻辑。

但是孙正义几乎再也没有成功复制过之前的案例，很多他曾经大手笔投资的公司如今都面临困境。例如，他几乎重仓了所有共享经济产业链上的业态，从打车、本地生活到旅游住宿，但情况都不是很乐观。

举一个有代表性的例子，众创空间（WeWork）就是一家做共享办公空间的公司。孙正义从 2017 年开始投资众创空间，把这家公司称为他的"下一个阿里巴巴"。据说他还会私下要求创始人们更大胆一点，"烧"更多钱。众创空间的最高估值一度达到 470 亿美元。

但它 2021 年在美国上市时，估值不到最高估值的 20%。这期间肯定发生了不少事情，我们可以简单理解为，估值泡沫逐步被挤破了。但这还不是最惨的情况。2023 年，众创空间已经到了申请破产保护的地步，并从美股退市，估值几乎可以被视为零。孙正义向众创空间累计投资的大约 200 亿美元，也基本上归零了。考虑到愿景基金第一期的规模是 1000 亿元，这笔资金占比接近该基金的 20%，算是滑铁卢般的损失了。

换句话说，当年"烧钱"扩张这一屡试不爽的成功路径，后来越来越不"灵"了。孙正义想把过去成功的互联网投资案例一一复制到其他投资决策上，但之后出现了很多新业态，它们未必需要通过"烧钱"来实现增长。

路径依赖的"坑"

连孙正义都踩了路径依赖的"坑"，可见路径依赖是投资中隐藏最深的"坑"之一 ——它不像风险、亏损那样能被一眼看出。很多明星基金经理的业绩如同坐过山车，其原因也可以在路径依赖中找到。历史上诞生了不少百亿元、千亿元管理规模的顶级基金经理，其中一些最成功的代表就长期重仓了消费板块，这些故事被大家反反复复地拿出来讲。但最近几年如果你还重复这一路径，表现就相对不会那么好了，因为市场环境已经变了，也难怪我们会用"跌落神坛"来形容这些顶级基金经理。

或许你会质疑：这难道不就是专业投资人坚守"舒适能

力圈"的表现吗？我们在前文中的确讨论过，要在自己最了解、最擅长的认知领域内做决策，不要超出能力圈的边界做决策，**但是当外界环境发生变化时，各种外部信息、证据都变了，我们原本的"舒适能力圈"可能会阶段性失效，如果我们不及时更新"地图"，就会变成那个固执己见的人。**

还有一点，就是我们会在老路径上产生心理舒适感。我们往往会在成功过的地方拥有更强的自信，但"自信"和"顽固"有时只有一步之遥。

记得我刚开始在公募基金公司工作时，公司为大家举办了一次研究培训会，授课老师是周金涛，他是研究经济周期理论"天才"级别的人物。令人很惋惜的是，他在 2016 年因病去世，在这里我也想纪念一下他。

他曾说过一句话："你们之中这些研究上游资源品的同事们，要小心路径依赖，别成天想着在上面赚钱。经济周期变了，以前的投资方法不合适了。"他说的上游资源品主要指的是钢铁、煤炭、有色金属等。他其实在提醒我们，外部环境发生变化了，尽管大家之前用这个方法赚了很多钱，但是接下来就别再复制这个方法了。此后，在很长的一段时间里，我确实看到不少在上游资源品投资上赚过钱的人，又用同样的投资模式把钱亏了回去。

我们再来看巴菲特的案例，它也很有趣。大家都觉得巴菲特是一个非常坚守准则的人，但是他没有明显的路径依赖情况，他既有一些长期持有的投资案例，也有很多阶段性变化的投资案例。比如，他在 2008 年投资了高盛，这是美国的一家很大的投资银行。虽然他和芒格都说过，他们极其不喜欢投资银行的商业模式，但是他依旧做了这个决策，因为当时的环境变了。他长期重仓消费股，但在过去几年又突然重仓了石油股。他不会因为曾经在可口可乐、喜诗糖果这样的消费股上投资成功过，就只盯着消费股。巴菲特的关注点会改变，这或许也是他能做到基业长青的原因之一。

专业机构如何避免路径依赖

我自己也很担心会持续踩进路径依赖这个"坑"，毕竟对"同一种模式"的强烈偏好是我们在心理上的本能。做决策时最短的路径，就是我们大脑最省力的路径。

如今，路径依赖会变得更加可怕，毕竟现在的环境比以前变化得快多了。比如，近年来一直被讨论的 OpenAI 和人工智能会改变很多行业。我和同事做某些工作时已经开始依赖 ChatGPT 了，今后人们的工作方式会不会都被改变，或者完全被人工智能颠覆？这些都会让我们原本的"舒适能力圈"不复存在，一些过去积累的经验也不一定能够被重复使用了。

回到投资上，我认真分析了一下，专业投资机构该如何解决路径依赖的问题。

很遗憾的是，在这个问题上，我只能说，我们做了很多"尝试去解决"的努力，但并没有看到特别好的结果。不过我们依然可以来一起看看，已经付出了哪些努力。

第一，专业投资机构最常做的一件事情就是招募不同风格的基金经理，发行更多基金。这样，虽然有人的阶段性表现不好，但也总会有人表现还不错。机构每年会把阶段性表现还不错的人放在台前，做商业化营销。我说得可能有些直白，但机构的确就是用这种方法确保自己不会只有一种投资策略的，也就是"不会吊死在一棵树上"。

第二，在研究方面，会有专门的团队来做"市场风格轮动分析"。"轮动"简单来说就是分析投资风口会如何变化、风会吹到哪个方向。不得不承认，这个预判做起来难度极大，很多团队虽然在做，甚至还用上了一些技术手段、量化指标，但没有找到能长期做出正确预判的方法。

第三，组织"对立讨论"。我认为这种方法相对有效。具体来说，就是在投资讨论会中，指定专门的人作为持有当前不同观点的对立方。采用这种方法的目的就是克服"没有不同意见"的问题。有时候，没有不同意见的原因不见得是大家真的没想法，也可能是出于文化上的习惯。我们之前在开投资会时，也希望大家互相质疑，以避免出现盲区。但是，出于维护同事关系、怕得罪人，或不想起争执等心理，理想中的激烈讨论很少出现。

于是我们做了一些改进——依靠制度。我们会在一个投资方向上指定两个风格不一样的人，其中一个扮演挑刺的角色，也就是说，他必须是当前大家提出的观点的对立方。效果是有的，尤其是当我们会为对立方的扮演者提供一些考核上的激励时，他们就能更主动地提出好问题。虽然被挑刺的一方会比较难受，而且不会对这些质疑照单全收，但至少可以从对立方处吸取不同的信息或观点，这也会无形中帮他审视自己选择的这条路。对立方提供的证据、数据越多，这种讨论就会越有效。

说到这里，你可能也发现了，专业投资机构内部有足够多的人，也有资源和团队支持，员工可以因此不断地接触到新领域的信息。我当时能听到周金涛前辈的讲座，对我而言就是视野的拓展，后来我也去读了他的著作。换句话说，在专业投资机构内确实能比普通投资人获得更多外力支持。

普通人在投资决策中可以怎么做

上述三种方法虽然都在尽可能地减轻路径依赖及其影响，

但没有一个方法能够完全解决这个问题。

作为普通投资人，我们不必为这种情况过于焦虑，只需要明白：这是一种思维惯性，人人都有。再杰出的投资人也有可能出现孙正义那样的情况，我们不能消除它，只能减轻它的危害程度。

我自己也有明显的路径依赖，但我会时不时强迫自己觉察一下，我觉得**能觉察就是一种好的变化**。我在做投资时，肯定会守在能力圈里面，不去碰不理解的东西，但对于能力圈里我似乎理解的东西，我也会反复问自己："这个东西是不是过去成功方式的复制？"当然，还有一些更具体的方法。经过实践，我发现了两种比较有效的方法。

第一种方法是从专业投资机构的做法里总结出来的，就是**刻意找反对意见**。

我们都喜欢和自己的观点相同的内容。举一个身边的例子，抖音会反复把我之前看过的、认同的、喜欢的内容推荐给我，而不会为我推荐与我意见相反的内容，这就是一种偏好加强。为了避免出现信息茧房，我会专门与和我意见不一样的朋友讨论问题。当然，我们肯定喜欢与和我们意见相同的人做朋友，因此，如果碰到时不时和你有意见冲突的朋友，你要珍惜。

如果我非常看好房地产行业，我就会去找不看好房地产行业的朋友，看看他们有什么意见。如果我特别偏好投资黄金，我就去找不看好投资黄金的人，看看他们会怎么理解投资黄金这件事。

但毕竟"物以类聚，人以群分"，在我们自己的群体里，要持续找到观点和我们完全不同的人也很不容易，而且大家在交流时还是会尽量避免意见不同带来的争执。因此，我还会选择另一个自己能够把控的途径：阅读。我会多去看观点与我对立的人写的内容。而且这件事操作起来也很直接，直接通过关键词搜索来寻找文章就可以了。从被列入自己信赖列表里的公众号、财经媒体里，我总是可以挖掘出与自己的观点相对立的内容。

不过有一点要注意，也是前文提到过的：**我们找的不是简单的对立观点，而是对立观点背后的证据和逻辑**。围绕"找证据"的目标去阅读，阅读效率会非常高，一旦发现文章在兜售观点而不是证据，我们就可以直接略过它。

现在还有一个新的获取信息的渠道，就是播客。有些播客节目的访谈嘉宾都是业内人士，他们能展现出业内人士的思考方式和逻辑，也会讲述他们看到的案例。颗粒度细的证据会让我更清楚地理解我们观点不一样的原因是什么。

这种做法的本质是什么？我们回顾一下，投资决策是在"情绪舒适区"和"有效认知"的交集内做出的。一旦外部环境发生变化，我们就需要找与对立面相关的证据，重新收集信息，这就是在拓展我们的"有效认知"。因此，我们的公式在不同的场景下可以复用，**这是底层思维的复用，而不是路径依赖的复用。**

除了上面分享的两种方法，我们还要经常审视自己。很多事情我们都无法做到完美，这就意味着我们还要用上一些之前讨论过的工具——风险控制。我们大概率无法及时觉察路径依赖是不是导致了一些问题出现。有句俗话叫"不撞南墙不回头"，只有撞到了南墙，我们才会感觉痛。因此，如果实在有难以抑制的强烈偏好，我们就要做好准备。一旦事情的发展不符合预期，就要控制风险，而不要一味坚持下去。这时，风险控制又变成一种纠错机制。你看，我们又把之前讲的工具和内容融会贯通起来了。

路径依赖和"斜杠"青年

投资中的路径依赖经常发生，我们周围的路径依赖也无处不在。

我很喜欢研究各种企业的发展史。在企业经营的过程中，路径依赖是一个常见问题。最典型的就是房地产行业中的企业。以前房地产行业中的企业，其发展大多依靠快速周转、高杠杆、快速销售的模式，再配合房价上涨，这种模式一度很好用。不过，一旦遇到行业瓶颈期，企业面临的就会是生存危机，而不只是发展问题了。

我们在个人生活中，要做到完全没有路径依赖几乎不可能。有时候，路径依赖也不见得完全是坏事。我们可以**保持开放的心态，对不同的选择、不同的路径都不设限**。

举一个身边的例子。声动活泼的创始人，也是"不止金钱"这档播客节目的制作人和本书的作者之一——徐涛老师，曾经讲过她自己的故事。她以前是《第一财经周刊》的记者，但从 2013 年开始，她就变得很迷茫。移动互联网以及社交媒体的出现让看杂志的人变少了。她几乎每天都在思考未来职业路径的变化，担心自己快要失业了，但她也不知道出路在哪儿。

在机缘巧合之下，她接触到了播客，每天都会听很多播客节目，也发现这种媒体形态很有趣，便开始做自己的播客节目，也就是"声东击西"，从那之后便一发不可收拾，她走出了一条新的路径。

徐涛老师的故事可能会让你想到一个词——"斜杠青年"。这其实就是个人减少路径依赖的一种尝试。

一个特别好的例子是 2023 年度雨果奖获奖作品《时空画师》的作者——"90 后"科幻作家海漄。海漄是招商银行的一名员工，下班后才是他当"斜杠作家"的时间，而且他竟然"斜杠"获得了一个世界级别的科幻小说大奖。当年刘慈欣也是凭借《三体》系列获得了雨果奖。

"斜杠"并不意味着改变原有路径或抛弃旧路径。我们对职业的投入有中长期目标，这叫"守在能力圈里进行深耕"。但话说回来，职业之路毕竟只是一条路径而已，我在职业之路上有时还会倒退、遇到一波三折。在这个过程中，我们要怎么保持开放的心态，给自己留有余地呢？答案就是"斜杠"。

很早以前，许多公司的员工如果私下打第二份工，被公司发现是会受到处分的。但在今天的互联网时代，越来越多的人给自己留了一条"斜杠"。至少在播客界里，很多主播都是有其他职业的"斜杠主播"。在我的认知里，"斜杠"就是告诉自己：**这个世界上有很多条路，也有很多种活法。**我们从一开始到现在认定的路径，不一定是唯一的路径。

当然，"斜杠"也意味着很多事情我们不一定能做得很好，我们可能把"杠""斜"到别人的专业领域里了，那就只能"献丑"了。但这何尝不是一种尝试呢？你也可以敞开了去想象：那个看起来有些死板的基金经理，为什么不可以在下班后当一名业余拳击教练呢？说不定他哪天还能拿下一块业余组的金牌呢。

我还想讲一个更严肃一些的选择，叫作"跨界打法"。"跨界"就是系统性地把自己的能力用到新的路径上。很多企业在跨界方面取得了非常大的成功，比如做聊天软件的企业跨界做支付、做短视频的企业跨界做本地生活。当然也有失败的案例，但在这里我更想聊的是个人的跨界，这种跨界爆发出来的能量有时是超出我们的预期的。

这几年我在做基本面投资时，发现我们面对着一个完全不同的竞争群体——很多学数学、物理的朋友也进入了投资领域，开始做量化投资。他们中有人甚至连经济学是什么都不太了解，对它也没有太大的兴趣，却做出了优异的成绩。为什么会出现这种现象？因为技术发生了迭代，我们有了更多工具，也有了人工智能加持，这些工具使得传统金融学理论在某些方面变得不那么重要，或者说虽然它们依旧重要，但我们有了更好的实践方法。在量化投资领域，编程能力、代码能力、数学逻辑思维和勇气反而更关键。他们个人职业的"跨界打法"，直接击中了投资中的一些痛点。关于量化投资这个话题，我会在后文中和你分享一些有趣的细节。

无论是尝试本职工作之外的"斜杠"，还是跨界到新领域中，都不只是我们的一个爱好而已，而意味着我们放宽眼界去选择拥抱更多变化。我们以前的"舒适能力圈"是可以被拓展的。

14

不止金钱，还有
我们的成长与生活

结构化思考框架的内容到此处就接近尾声了。意犹未尽的读者还可以看看附录。

我会探讨一些我们日常会遇到的问题，也会分享一些与播客节目嘉宾的对谈内容，希望能在发生与投资相关的重大事件时，为你补充更多专业视角。

最重要的事

让我们来回顾一下。如果你让我从前文的这么多内容里总结出什么是最重要的，我认为，**保护自己绝对是最重要的事。**

人们在接触投资时，想到的第一件事肯定是赚钱。事实上，在更真实的案例里，急切地开始投资，反而可能会让自己陷入更大的困境。投资世界是一个充满风险的地方，也是一个会发生各种意外的世界，其中有各种"黑天鹅""灰犀牛"，还夹杂着非常复杂枯燥的金融术语。因此，在本书中，我才会反复提及巨大的不确定性和周期性带来的风险，以及比较低的投资成功概率。

在这个世界中，保护自己当然是最重要的事。而保护自己的第一步，就是先理解投资是怎么做的，这就是所谓的"知己知彼"。当然，你或许会选择把投资委托给你信任的第三方，我觉得这样也未尝不可。但我依旧认为，信任的基础是我们自己也懂一些投资知识，这样才会给信任加上一把"安全锁"。

我从工作的第一家公募基金公司离职时，当时的公司领导对我讲过一句话："你要明白，在这个市场上，有人是拿出身家性命和你竞争的，凭什么最后赚钱的是你而不是别人？"我当时心里一震，我怎么可能和拿出身家性命的人竞争？我们只是在做投资，不可能拿出身家性命，毕竟我们还有自己的生活。

我在经历了很多"坑"、踩了很多"雷"后，才逐渐明白其中的道理。我们经常会比较莽撞地进入自己不了解的领域，或者让不合适的情绪带着我们做决策，而这些都不能帮助我们平安度过投资周期里的大风大浪。在这种情况下，我们即使偶尔被运气眷顾，也不可能一直得到眷顾。因此，我才会这么急迫地想要对你说：我们要保护自己，不要迷路。

在某种程度上，前文中的所有内容——例如：要待在

"舒适能力圈"中；在做决策前，我们要尽可能地减少风险；在开始盈利时，我们要通过止盈来减少风险；即使运气真的不好，我们亏钱了，也要采取措施来降低风险——都是在讨论如何保护自己。这些都能让我们的"铠甲"更坚固。

投资我们的人生

当然，我也希望这些信息能帮助你搭建自己可以反复使用的思维框架。

生活中很多大大小小的决策在本质上都是在做投资，都是将有限的情绪、时间、精力投入其中。过程中当然会有风险，我们也会遇到自己困惑的时候，会想不清楚；同样地，我们会贪婪、舍不得，会害怕，也会情绪崩溃。在这种时候，"投资坐标图"就可以发挥"定海神针"的作用。我们可以去看一看自己的"有效认知"在哪里，"情绪状态"又在哪里，看看它们与我们想达到的目标之间有什么关系。

也许这些并不能帮我们直接做出决策，但可以提供一种建议，告诉我们该从哪里着手。如果我们把生活中的每一整段旅程都当作投资，那么我们愿意把自己投资在什么领域，又希望收获什么样的体验呢？我们需要在某个阶段止损，还是可以适当止盈，然后进入下一个阶段呢？这些都是我想与你一起分享和讨论的问题。

　　相信随着阅历的增长，你一定或多或少地感受到了不确定性给自己带来的影响。即使在投资领域之外，环境的变化也会影响我们每一个人。**如果把投资中应对不确定性的方法和思维框架应用到生活中，我们也许就可以更好地面对每一次变化。**

成为更好的自己

　　投资这件事本身不会让我们变成更好的自己，但如果我们能将其中的思维框架应用到日常生活中，我们就是有可能变得更好的。

　　十多年的投资经历，让我对大大小小的公司，以及行业甚至区域经济都有了更多认知。不过这些都是外部认知，获得这些认知的过程没有另外一个过程有意思，那就是了解自己。

　　投资是一个自我的放大器。在过去这些年中，我也出现过让自己寝食难安的负面情绪。无论是无知、自负，还是信心不足、焦虑，都会被自我呈几何级别地放大。恐怕连我自己都没有意识到，我还有这样的一面。

　　但后来我发现，如果把时间周期放长一些，我们总会安然地从这些负面情绪所带来的影响中走出来，这会带来一种克服困难之后的收获感。如果我说这就是成长，可能会显得有点做作，其实这就是收获了一个比以前更大的"舒适能力圈"。这些用在投资上的思维方式成了我的底层思维框架，我因此能更有条理地去看待生活中的一些事情，也能够比以前更从容地应对生活中的不确定性。

我付出了很多时间和精力来创作本书内容。对我个人来讲，付出这些时间和精力就是一次很好的投资。在团队的帮助下，我又更加系统地梳理了自己的所想所得。

如果这些内容能够帮助你，让你能够更好地保护自己，或者让你觉得自己可以在生活中应用它们，我投入的时间和精力就是有回报的。

生活处处是投资，我们对"不止金钱"的探索还会继续。

个人养老金账户，开不开

近两年出现了一个新事物，叫"个人养老金账户"，有人问我："有必要开通这个养老金账户吗？"我的回答是："个人养老金账户现在在试点早期、推广期，有些规则设定会随时间的推移而改进、完善，因此当前是否要开、是否要自己储备'养老金'还不是最重要的问题，重要的是，你对投资了解多少？毕竟，个人养老金账户中的产品也是有投资亏损风险的。"足够了解，才更有底气。

我来尝试回答几个问题：个人养老金账户有什么用？对我们有什么好处？它又是否存在风险呢？

我们先说第一个问题：个人养老金账户有什么用？

我们现在的养老金是"现收现付"式的养老模式，也就是说，我们交的钱并不属于我们，而是给现在的退休人员发放养老金用的。等我们退休时，我们的养老金要从当时工作的人身上去收。这就叫作"统筹制度"，"统筹"意味着统一收钱、统一管理，它和每个人的具体情况没有必然的关系。

在我们退休后，养老金的数额不一定能满足我们个人对生活品质的要求。因此，在这种情况下，我们就需要另外一个退休金账户——它必须和我们自己交了多少钱直接挂钩，而不会被拿去"统筹"。这就是"个人养老金账户"。

我们每年往账户中放一定数量的钱，到退休时，这笔钱就计入我们自己名下。而在我们退休之前，个人养老金账户里的钱是不能支取的。这就相当于一个**强制性长期投资。我们期待的最终效果是，当我们退休时，除了统筹的养老金，我们还有个人养老金账户里的钱。**如果统筹的养老金不够花，至少我们还有个人养老金账户里的钱来填补一部分花销。

那么，我们大概也就能明白，个人养老金账户会发挥什么作用。

接下来回答第二个问题：对我们而言，除了让我们在退休后多拿到一些钱，个人养老金账户还能带来别的什么好处吗？

确实还有，主要的好处有两个。

我们先说最重要的一个：**在目前的制度设计下，我们存进个人养老金账户里的钱是可以用来抵税的。**但是，只能抵一小部分税，激励作用并不算大。具体的制度设计比较复杂，通俗来讲，就是**每个人每年最多可以往个人养老金账户中存1.2万元，**差不多相当于一个月存1000元。

这 1.2 万元是不用缴纳个人所得税（简称个税）的。我们在退休后领取这个账户里的钱时，才需要补交 3% 的个税。可以留意一下，这个词叫作"补交"，而且补交的税率只有 3%。我们来看一下，这种税收制度的设计，是如何激励我们交更多个人养老金的。

当前的个税按照不同的收入档次进行划分，每一个档次上税率的差异比较大。一个人月收入低于 5000 元不需要缴纳个税，而月收入在 5000 元到 8000 元之间，最高需要缴纳 3% 的个税。也就是说，如果我们把这笔钱存入个人养老金账户，当下就不需要缴纳 3% 的个税了。等退休时，再取出这 1.2 万元，补缴 3% 的个税。可以说，迟缴 3% 的个税在理论上没有任何实质上的激励，只不过延迟了缴税时间。

再来看另外一端。假设一个人的月收入超过了 8.5 万元，相当于"年入百万"了。超过 8.5 万元的部分，税率是 45%。也就是说，每赚 10 元，就要缴纳 4.5 元的个税。在这种情况下，如果每年都往个人养老金账户中存钱，的确会有比较大的税收优惠，但是这个税收优惠的幅度是有限的。目前个人养老金账户一年最多只能存 1.2 万元，也就是只有这部分钱能不缴纳个税。我们可以计算一下，这样的人一年大概能节省 5000 多元的个税。但是，他们真的会很在意这 5000 多元吗？不一定。这种情况离我们大多数人太遥远了。

想象一下，我们的月收入在 8000 元到 8.5 万元之间，如果每年把 1.2 万元的个人养老金账户额度都缴满，每年大概可以节省 1000 元到 3000 元的个税，具体数额根据收入的不同有所浮动，但最多也只有 3000 元。因此，**个人养老金账户确实有抵税作用，但激励幅度并不算高。**

而第二个好处是什么呢？就是强制养老储蓄，这个好处的关键词是"强制"。这笔钱你在退休前都不能支取，一存往往就是几十年。如果你觉得自己的行动力不是很强，容易坚持不下去，比如在存一段时间钱之后，突然看到某个喜欢的东西，就忍不住花钱买下它了——在这种情况下，拥有一个强制性的个人养老金账户，相当于借助外力来帮你做养老储蓄，这是有意义的。

但如果你本身就是一个非常有规划的人，也不喜欢乱花钱，就完全可以自己建一个长期存钱的账户，也不一定需要依靠这种外部力量帮助自己储蓄。个人存钱，可以选择的投资范围非常广。**如果将钱存在个人养老金账户中，官方会筛选一些它们认为合格的基金和理财产品，你只能在指定的投资范围内选择产品，而这个小小的范围不一定包括你认为最有吸引力的方向。**

总结一下，对我们来说，个人养老金账户确实有两个好处：**抵税和强制养老储蓄。**

好处说完了，那么个人养老金账户是否存在风险呢？这
也是我们在做决策前一定要想明白的。

我认为目前主要有两个风险。

第一个风险是，**这笔钱没有流动性，我们可以把这种情
况叫作"流动性完全丧失"**。在你需要用钱时，这笔钱是取
不出来的，提前支取的条件非常苛刻，比如完全丧失劳动能
力、已出国定居等。因此，在做决定之前你一定要明白，这
个钱一旦存进去，在将来的很多年里我们都是无法使用它的。
如果你发现平时自己需要急用钱的情况比较多，我的建议是，
现在不要考虑进行这种超长期的储蓄。

第二个风险在于，虽然它的名字叫作"养老金账户"，听
起来非常稳妥，但**它并不是一个稳赚不赔的账户，也没有任
何保本条款**。我们一定要明白，**它在本质上是一个投资账户**。
我们用养老金账户去投资，和我们拿自己的银行账户去投资，
这两者在本质上没有差异。只不过**使用养老金账户投资必须
投给指定范围内的产品，而这些指定范围内的产品大多数是
风险比较低的理财和基金产品，但是，低风险不等于零风险，
它们一样有亏损的可能**。

如果再往未来看，**养老金账户里的投资产品还会继续扩
容**，今后当我们在面对几百种甚至上千种可投的产品时，可
能会遇到不小的挑战。我们依旧需要对投资具备基本的理解，

识别其中的风险，对产品背后到底是什么也要有充分的认知，这样才能做好个人养老金账户的投资。最终的决策是我们自己来做的，因此无论是亏钱还是赚钱，结果都由我们自己承担，个人养老金账户的托管机构是不会负责的。

因此，如果你决定尝试开设个人养老金账户，同时对各种投资方向的认知不是很深入，我建议你**从低收益、低风险的产品入手，比如低风险银行理财或货币类的基金、固定收益类的基金**。毕竟个人养老金账户是一个新鲜事物，我们一开始不要想着如何从中赚大钱，而应该想想如何在长期更多地保护自己。

理财型保险真的两全其美吗

不知道你有没有发现，身边爱聊养生、聊保险的年轻人越来越多了。我也曾听到公司里不少"90后"在讨论要不要买保险，而且大家似乎对保险有很多疑问，比如：保险应该怎么买才划算；保险类的理财产品到底可不可靠，有没有"套路"；等等。

什么是理财型保险

在介绍理财型保险的"套路"前，我想先向你简单介绍一下保险的类别。

在一般情况下，保险分为两个主要类别，**一类是保障型保险，另一类是理财型保险。**

保障型保险是指，一旦发生意外，我们能够获得相应的理赔，这是最典型、最传统，也是我们最常接触的保险。比如，购买了常见的疾病类保险，保险公司就可以为我们去医院看病的花销进行理赔。

理财型保险，顾名思义，就是兼顾了保障功能和理财功能的保险，比如曾经很热门的"万能险"就是其中一种。在发生人身意外时，这种保险会在一定条件下给予理赔，同时我们投入的保费也可以用来赚利息。就像投资理财一样，本金和利息最终都会被返还给我们。这听起来似乎是一件两全其美的事情，也吸引了不少人投资，但是"踩坑"的人也不在少数，包括我自己的家人。

几年前，我妈妈想把自己的储蓄投到比较稳妥的产品中，就在一家保险公司买了好几款"理财类"的保险产品。结果到年底才发现，这些产品的一些保障功能非常鸡肋。一方面，**保障条款十分苛刻**，她在真正需要理赔时几乎都用不上，也就是说会被拒绝理赔；另一方面，它们的实际收益率也非常低，在**运作期间会产生许多隐性费用**。我妈妈一开始对此并不知情，因此她知道后非常气愤，想要退保。而其中一款保险她已经缴纳了大概 10 年的保费，不仅每个月都被收取了高额的管理费，而且退保后只拿回了一半左右的本金。

像我妈妈这样的人非常多：他们有一些储蓄，想进行稳定的低风险投资。他们虽然买的是理财型保险，但并不是真的看重保障部分。很多保险销售人员也会说"这类产品长期收益很稳定，利息能够超过 4% 甚至 5%，同时钱又随时可以取出"，这种话的诱惑力非常大。

毕竟，保险的作用首先是保障，然后才是理财。因此，我觉得我们有必要讨论三个问题。第一，如果我们把理财型保险当作投资方向之一，最大的风险是什么？第二，理财型保险的本质是什么？第三，基于这种本质，它适合在什么情况下购买？

藏在保单合同里的"坑"

理财型保险的最大风险是什么？我认为有两个：第一，你可能会损失本金；第二，你得到的利息会比你预想中少得多。换句话说，**理财型保险并不保险**。

为什么可能会损失本金呢？理财型保险毕竟不是银行理财产品，二者没法对比，但我们可以拆分一个典型的"理财型保险收益合同"。

任何一个硬币都有两面，在硬币的一面，保险销售人员会向我们展示这款理财型保险产品的预期收益表，这张表上写有未来 20 年内，客户每一年的投入和能够获得的预期利息收入，数字看起来非常稳定且诱人。

硬币的另一面是什么呢？就是**这个时间期限会非常长**。如果你看过这张预期收益表，你一定会有印象，它是一张密密麻麻、占据好几页纸的图表。如果要实现图表上展示的长期收益率，你可能需要等 10 年、20 年甚至更长的周期。**如果提前退保或者支取已经缴纳的保费，你可能不仅拿不到任何收益，甚至会损失本金。**

我找了几位长期从事保险业的朋友，询问个中原因，他们给我讲解了背后的机制：当你把一笔钱交给保险公司打理时，保险公司是需要付出成本的。比如，保险销售人员有一些提成，而保险公司整个团队的成本也要算在里面。

一家保险公司大概要花 5 年时间才能收回销售给你这张保单的成本。这就意味着，如果你在 5 年之内终止合同，提前退保，保险公司就要承受亏损。

为了不让自己亏损，保险公司就会设置相应的条款。如果你在一定的投资年限内退保，或者终止缴纳保费，就要缴纳一定数量的罚款。这个罚款可能是你的投资收益，也可能是投资收益加上一部分本金。

以我妈妈的案例来说明，她缴纳了 10 年保费，退保时只拿回了 60% 的本金，这属于相当苛刻的条款了。一般来讲，缴纳 10 年保费后大概率是能拿回全部本金的，只不过我们会损失所有的利息。

一般来说，合同里会有非常详细但不那么容易被发现的**条款，提示提前退保通常都面临不小的损失，而保险销售可**

能往往不会向你介绍清楚。

除此之外，它的利息——投资收益也会比我们想象中要少一些，这是为什么呢？

保险销售人员给我们的那张表叫作"预期收益表"，上面的数字并不是真实的收益。一家保险公司可能在过去 10 年里为它的投保人赚到了每年 4% 的收益，但无法保证未来 10 年还能赚到这么多，这也是合同中有"猫腻"的地方。

我们看到的这个预期收益其实是由两部分构成的。第一部分叫作**"保证收益"**，这是保险公司一定会实现的收益，但一般会很低；第二部分收益叫作**"浮动收益"**，这是和市场变化有关的、未来无法得到保证的部分。因此，一旦未来市场发生了比较剧烈的变化，我们的浮动收益可能就会非常少。

根据我们和保险公司签订的合同，我们至少可以拿到最低的保证收益，但保证收益的利率一般是 1% ~ 2%，和货币基金的收益差不多。**当我们去看一款理财型保险产品时，真正需要关心的是它带给我们的保证收益是多少，对于浮动收益我们一定不能太当真。**这样一看，你就会发现，理财型保险的吸引力其实没有那么大。

超长期的强制储蓄

理财型保险的本质是什么？去银行买理财产品时，你会．

买 10 年期的银行理财产品吗？肯定不会，而且其实市面上也几乎没有 10 年期的银行理财产品。

我们再看一下保险，它给我们的时间选项是什么？往往是 15 年、20 年、30 年这样的超长时间。相信你已经明白了，**理财型保险的本质就是超长期储蓄，用来进行低风险的投资**。

既然是超长期储蓄，它就**带有一定程度的强制性**。一旦我们开始缴纳一款理财型保险产品的保费，就意味着在未来的 10 年、20 年甚至更长的时期里，我们每年都必须交这笔钱，而保险公司就把我们的这笔钱"锁定"了。如果我们提前支取，就会受到惩罚。正是这种对本金损失的畏惧，反过来会让我们用更长的投资期限来"保障"我们的长期收益。

我提到过，做投资至少要有一个为期 3 年的闲钱规划。你会不会觉得很难？别说 3 年，我们要确认一两年的闲钱有多少都是有难度的，而理财型保险就是强制我们每年都把一部分钱拿出来，一年一年地滚动下去。它的本质是强制性的长期储蓄，而且它的收益率还不是很高。

在什么场景下适合买理财型保险

理财型保险到底适合在什么情况下购买？我提炼出了两个要素：**一是明确的时间，二是明确的开支金额**。只要这两个要素都满足，我们就可以用理财型保险来做资产配置。

你可以猜一下，这两个要素组合起来，会出现一种什么样的场景？我来揭秘一下——主要是做**教育基金和退休基金**。

教育基金一般是为了孩子上大学或者大学以后的教育开支做储备的，比如在从孩子出生的那一天开始到他成年的 18 年里，进行相对长期的教育资金储备。退休基金的开支时间就更加明确了。

既然时间明确，我们对这两项投资花费的金额大概也有一个预期，比如读四年大学或者再加上读硕士的时间一共要花多少钱、退休之后自己每年的生活开支大概是多少。因此，在知道时间和花费金额的情况下，理财型保险就很适合用来做资产配置。

假设我们不靠保险储蓄，而是每年强迫自己存一笔钱，用于孩子将来的教育开支，或者为自己退休做准备，这确实是有难度的。我们可能会忘记存钱，或者不知道该如何打理这笔钱。让保险公司帮忙打理这笔钱，将之投到一些风险较低的产品上，虽然我们拿到的收益相对不会很高，但是从长期来看，本金和收益都有一定的保证，这是一种**非常有力的外部制约力量**。

简单总结一下，对我们普通人来说，最适合购买理财型保险的场景是用来做未来的教育基金储备或退休养老金储备。

当我们决定将理财型保险作为投资方向时，可以思考一下，哪种情况符合我们现在的需求。如果都不符合需求，我的建议是：不要盲目购买理财型保险，不然很容易掉到陷阱里。

不如回归保险的本质，即保障我们免受意外事件带来的冲击。**当我们考虑购买保险产品时，要优先考虑那些保障我们免受疾病或者意外带来的人身伤害的产品，而不是首先购买那些带有收益目标的理财型保险。**

附录 3

买黄金避险？ 你得先了解其中的风险

我们不单在节假日时能看到黄金首饰门店里挤满了人，我身边的一些朋友也在讨论黄金作为避险资产的投资价值。2023 年上海期货交易所的黄金价格涨了近 18%，创下历史新高。而每当世界上出现突发事件时，黄金价格也会上涨，引起不少关注。投资黄金似乎已经成为我们规避风险的标准配置之一。

买黄金避险虽然听起来美好，但这件事并不像我们想象中的那样简单。黄金不是只要买了就能避险的，买错了，黄金反而会带来风险。

金饰和金条：好买不好卖

黄金不能随意买，其中不少投资方向缺少投资价值。 我记得 2013 年时媒体报道过"中国大妈打败了华尔街精英"这样的新闻。怎么打败的呢？就是靠买黄金。2013 年其实是黄金的"大熊市"，伦敦的黄金价格一年跌了28%，非常惨烈，整个华尔街对黄金都持看空的态度。但中国掀起了一股买黄金的热潮。

当时有很多大爷大妈，甚至年轻人都跑到金店去抢购黄金，导致一些金店断货，黄金开始涨价。因此，就有媒体借机炒作，说"我们打败了华尔街的黄金空头"。这种不恰当的对比是有误导性的。这些大爷大妈们买的黄金是具有**商品属性**的黄金，也就是我们能在金店里买到的黄金饰品，当然也可能包括一些黄金投资品。但我想说的是，**商品形态的黄金是不适合投资的。**

投资商品形态的黄金，我们面对的第一个问题是损耗很高。这个损耗是指什么呢？以黄金饰品为例，黄金饰品的价格包括加工费、设计费、店铺租金、销售人员的工资等。而当这些饰品被回收时，所有的损耗都会变成价差。下面，我们来看一下附图3-1中呈现的黄金零售价和回收价的差额。

附图3-1中的数据来自某家著名的品牌金店。我们重点看一下图1中标注的零售价和下面的回收服务中的价格。以附图3-1中的足金（首饰、摆件类）为例，它的零售价是626元/克，但回收服务的价格只有460元/克，中间足足差了200多元，也就是顾客要承受30%多的损失，这就是**商品形态的黄金的损耗。**

更新时间　2024-01-30 09:54:00

以下为今日即时金价，部分货品工费另计

	足金（首饰、摆件类）	626 元 / 克
	工艺品（金条、金章类）	616 元 / 克
零售价	投资黄金类	556 元 / 克
	投资铂金类	313 元 / 克
	黄金增值服务金价	
增值服务	（金条/金章不作增值服务）	542 元 / 克
	黄金回收服务金价	460 元 / 克
回收服务	铂金回收服务金价	203 元 / 克

附图 3-1　2024 年 1 月 30 日的黄金价格示例

如果你购买的是这一类的黄金商品，就意味着你支付了**非常高的溢价**。当你想把这些商品变回现金时，就会因为承担这些溢价而损失部分本金。

除了损耗，商品形态的黄金还有一个很大的问题，就是缺少公开的交易市场。一般来讲，只有少数黄金珠宝的品牌商会回收自家的饰品，而且在多数情况下是让顾客以旧换新，甚至有些品牌商干脆不提供回收服务。而对于其他品牌的饰品，它们几乎是一概不回收，也就是"谁家的孩子谁抱"，想将黄金饰品变现，你只能去对应品牌的门店。如果遇到不回收的情况，你想把这件饰品变现就只能选择路边的典当行或者一些规模比较小的回收点。在这种情况下，回收折扣率非常高，你损失的就不仅仅是上文提到的 30% 的价差了。最后我们很有可能不仅享受不到黄金价格上涨的增值，还损失了不少本金。因此，黄金饰品作为商品形态的黄金是非常不适合投资的，千万不要以保值增值为目的去买这些东西。

可能有人会问：投资金条是不是会更好一些呢？是的，金条的损耗会小很多，储藏也方便，甚至可以藏在枕头下面，而且它还是一种"标准"的投资品。

我们购买金条一般会通过银行、中国黄金集团这类正规渠道，还有一些珠宝品牌也会出售自己的金条。但这些不同的主体销售的金条都是一样的吗？答案是很模糊而且有争议的。

理论上，金条应该长得一模一样，没什么差异，但实际上，不同主体销售的金条的加工环节不同，在纯度上也会有一些细微的差异。如果你仔细观察会发现一个有趣的现象：**在同样的重量下，品牌门店里卖的金条，其实比银行卖的更贵**。我们回想一下上文提到的黄金饰品的损耗就明白了：在不同品牌门店，金条本身就带有品牌溢价，另外门店的租金、人工费等成本也要均摊到金条的价格上。

看到这里你可能会说："懂了，买银行出售的金条更好。"但也有一个小小的风险点需要注意：**多数银行只回收自己出**

售的金条。每家银行出售的金条都不一样，在成色、做工、重量上也会有一些细微的差异。因此，如果你买了招商银行出售的金条，想要农业银行对其进行回收，大概率是行不通的。

和黄金饰品相比，金条的投资价值会更高一些，但同样也面临着一个问题——缺乏一个统一的、可以随时交易的公开市场。

普通人投资黄金的途径

既然我们明白了，以上几种投资黄金的途径并不是最好的，都存在一些不必要的损耗，那么有没有什么比较合适的渠道呢？在我看来，所谓的比较合适的渠道需要满足两个条件：**有公开的交易市场、有公开的交易价格**。

基于这两个条件，我认为对普通投资人来讲，投资黄金比较适合的渠道有以下两个：**黄金期货和黄金类的交易型开放式指数基金**（exchange-traded fund，ETF）。

第一个渠道是期货。简单来说，期货的交易方法和股票类似，都是在一个集中的交易市场中交易，比如国内比较大的市场是上海期货交易所。期货交易所中有专门的黄金期货，而且每天都有价格可供参考。不过，对个人投资者来讲，进入期货市场有一定的门槛。

第一，你需要有非常扎实的专业知识，**期货的交易难度比股票大很多，风险也要高很多**。第二，你需要有**比较大体量的资金**。在交易黄金期货时，你买卖一手——每一次交易的最低限额——就相当于1千克黄金。举个例子，如果黄金价格是400元/克，那么买一手你就需要花费40万元。也就是说，期货市场虽然我们都可以接触到，但它对个人投资者来讲不是那么友好。

我们能考虑的第二个渠道是黄金类的ETF。所谓ETF，是在股票市场上能够交易的指数基金的统称。这种投资渠道的便利性就在于，一方面，**投资金额可大可小**，从一两百元到几千元再到几十万元都可以实现投资；另一方面，**有公开的价格，价格一目了然，而且没有任何的人为损耗**。

对个人投资者来说，我们可以用少量资金购买这些基金的份额，相当于间接实现了对黄金的投资。

这类基金有两个好处：第一，它的流动性非常好，我们可以随时投资，也可以随时赎回，只要把它放到二级市场上卖掉就可以；第二，它的投资金额可以很少，不同于买金条（买金条可能起始金额就要十几万元甚至二十万元），几千元就可以让我们实现对ETF基金的投资。

以上就是我总结出来相对比较适合个人投资者投资黄金

的途径。不过，在你入手黄金之前，我还是想提示一下：黄金在名义上叫作避险资产，但是它的价格波动风险并不小。

曾经有一些非常厉害的投资人在黄金上吃过大亏，比如美国一位叫作保尔森的对冲基金经理。保尔森因为在 2008 年金融危机时做空美国市场而一战成名，赚了很多钱。但他在 2011 年至 2018 年的这个长周期里投资了很多黄金，是黄金的大多头，同时也在那一轮的黄金熊市中备受煎熬。直到熊市末期，他终于忍无可忍出局了。不过我们回过头来看，如果他再忍一忍，跨过 2018 年，黄金价格从 2019 年开始到今天，又进入了新一轮的上涨周期。很可惜，保尔森并没能熬这么久。

投资黄金需要"慢"心态

我们能看出，黄金有两个特点：**第一，它的价格在短期内的波动非常难以预测。**我见过很多人试图了解黄金，找了很多参考指标，比如用美国的实际利率等来预测黄金价格会如何变化，但是黄金的属性太复杂了，它的波动在很多时候是受事件性冲击的影响的，我们很难预测。图 2 展示的，就是 2001—2023 年黄金价格的变化。

我们可以看出，几乎每隔一段时间，黄金价格都会出现大幅波动，而且几乎每一次"黑天鹅"的发生都会对黄金价格造成很大影响。如果我们抱着短期投机的心态来投资黄金，难度就会相当大。

第二，黄金的价格变化周期非常长，远比股票市场的股价变化周期要长。在投资黄金时，我们需要有比较大的耐心。附图 3-2 展示的也是更长周期下的黄金价格变化。

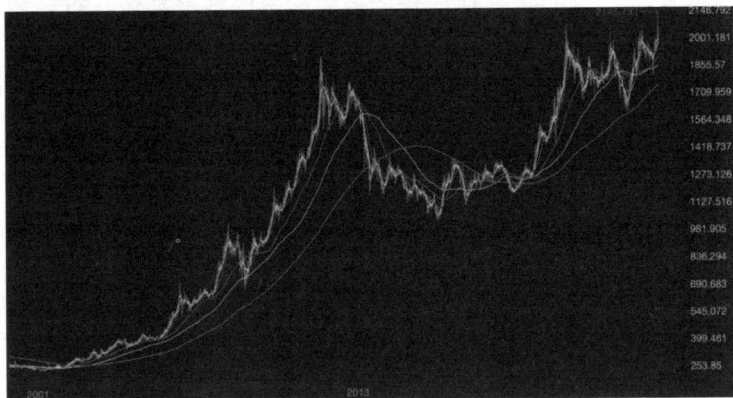

附图 3-2　2001—2013 年的黄金价格变化

我们来看看，假设我们运气不好，在 2011 年投资了黄金，那么在一直到 2018 年的 8 年时间里，黄金价格都处在下行周期，这个漫长的下行周期会让我们非常煎熬。因此，在投资黄金时，我们始终要保持一个基本的认知，那就是**不要认为黄金价格永远在上涨，也不要因为听说黄金是避险资产，就**

把自己的全部身家投进去。不然结果有可能是你躲掉了外面的其他风险，却遇到了黄金自身的风险。

总结一下：**黄金有价值，但是不能随意投资。对个人来说，黄金类的 ETF 或许是一个更合适的选择，但是永远不要以为投资黄金没有风险。我们只有保护好自己，才能够"不止金钱"。**

附录 4

手里钱不多，如何投资风险低（上）

面对"只有一点钱，也刚接触投资，不敢进行风险太高的投资"或者"钱不是长期的闲钱，只能投一年半年"的情况，我们应该怎么投资呢？

这两个问题的本质就是，如果我们想为手中富余的资金找一些低风险的投资方向，应该怎么做。**低风险**就是其中的关键词。

从投资配置的角度讲，无论是刚接触投资的新手，还是有丰富投资经验的老手，都需要将相应比例的资金投在低风险、高流动性的方向上，以备不时之需。尤其是对新手来说，我建议这部分资金的比例还要高一点，甚至留出百分之七八十的资金都不为过。这样，在投资初期，我们就可以尽量少地暴露在高风险的投资里。

那么，有哪些低风险的投资方向是我们可以关注的呢？

我总结了三类。

第一类是货币基金。它是最具代表性的，包括我们日常容易接触到的余额宝、微信钱包里的零钱通等。

第二类是一部分银行理财产品。请注意，这里说的并不是所有银行理财产品，而是"一部分"。

第三类是固定收益类的产品，主要是指债券类的基金。

低风险，不等于没有风险

我想纠正一个普遍存在的误解，就是低风险经常被当作没风险。

前几天，我在办公室碰到一位小伙伴。他说自己是个极其厌恶风险的人，因此他根本不做投资，把所有的钱都投在余额宝和一些银行理财产品上。

这个观点很有意思，为什么呢？第一，他根本没有意识到，在购买这些理财产品时，他其实已经在做投资了。第二，虽然他厌恶风险，但是他似乎认为这些理财产品是没有什么风险的。我们接下来分析一下。

首先，我们来看货币基金。货币基金包括余额宝、零钱通这类产品。前文提到，货币基金其实就是把钱投给了货币基金的管理人，管理人再用这些钱购买一些低风险的银行存款和商业票据，包括少部分债券。这些投资产品的流动性非常高，同时风险也比较低，但是它们的收益回报也相对有限。

我们用余额宝来举个例子。

附表 4-1 是余额宝 2023 年 4 季度基金报告中的投资组合报告，大家在网上都能查到。我们可以看到，这个投资组合报告详细拆分了余额宝把资金都投在了什么地方。在这一季度的报告里，余额宝将 78.62% 的资金用作银行存款。

附表 4-1　余额宝 2023 年 4 季度基金报告（投资组合报告）

序号	项目	金额（元）	占基金总资产的比例（%）
1	固定收益投资	36 674 187 029.26	5.15
	其中：债券	36 674 187 029.26	5.15
	资产支持证券	—	—
2	买入返售金融资产	115 454 004 886.28	16.22
	其中：买断式回购的买入返售金融资产	—	—
3	银行存款和结算备付金合计	559 482 599 108.03	78.62
4	其他资产	—	—
5	合计	711 610 791 023.57	100.00

你可能要问：为什么我们不干脆自己把钱存银行呢？其中最大的原因是，余额宝的资金体量非常大，有上千亿的规模。因此，在和银行谈判时，余额宝的谈判力更强，获得的银行存款利率也会比个人的高一点。

我们接着看这份报告。值得注意的是，在余额宝货币基金的投资组合中，有 5.15% 的资金投向了债券。前文提到，在 2008 年金融危机时，美国的货币基金曾出现 3% 的短暂亏损，原因就是其当时持有已经倒闭的雷曼兄弟公司的商业票据。简单来说就是，我们可以把商业票据当作债券凭证的一种。这样你就能明白，为什么我说货币基金也是有风险的了。

那么，这种事情是不是离我们特别遥远呢？其实并不远。在 2005 年和 2006 年，我国国内就出现过一次货币基金收益率普遍变成负数的情况，也就是人们持有的货币基金已经开始亏钱了。当然，当时监管介入得非常及时，发行这些货币基金的大型公募基金都用自己的钱弥补了亏损，有惊无险地度过了危机。

从这个角度看，**货币基金并不是天然无风险的**。不过上述情况属于极端事件，发生概率也比较小。在大多数情况下，我们不必对此过度担忧。从历史上已经发生过的风险事件来看，大型货币基金的管理人相对比较成熟，有比较及时的风险控制措施以应对货币基金市场发生的变化。

对于这种高流动性的货币基金，我认为很适合把一些短期的闲钱放进去，比如你两三个月都不会用的钱，或者你拿不准什么时候要用的钱。你可能随时需要赎回这些钱，而且你期待的利率也低一些。在这种情况下，货币基金是非常合适的选择。尽管目前很多货币基金的年化收益率都不到 2%，但是聊胜于无，总比把钱一直放在活期存款中好。

银行理财并非"保险箱"

下面再来看一看银行理财。银行理财其实也是我们能想到的常见的低风险投资产品，不过这里面的"猫腻"就多一些了。

其实银行理财亏损的案例离我们并不遥远——比货币基金亏损的案例离我们更近。最近一次有代表性的银行理财亏损事件就发生在 2022 年 11 月前后。当时银行理财的单位净值出现了大面积、普遍性的下跌，甚至一些号称低风险的银行理财一个月的下跌幅度也能达到 3%。

如果我们再用"银行""理财""亏损"这几个关键词搜索一下新闻，能看到的内容就更多了。因此，你把全部的钱都投入银行理财，也不代表可以高枕无忧了。

那么，银行理财的风险是怎么来的呢？

我们需要先明白一点：**银行理财和货币基金在本质上是很相似的**。从投资的方向上看，二者都是把我们的钱打包在一起，去购买一些短期的债券、商业票据还有银行存款。其中大部分产品是风险低、流动性高的。那二者的区别在哪儿呢？

因为货币基金的风险偏好更低，所以基金公司可能会购买更多的银行存款。就像余额宝，其接近 80% 的资金都被用作银行存款。银行理财的风险偏好略高一点，所以银行就会购买更少的银行存款，并更多地配置一些债券和商业票据。这也就是为什么银行理财的收益率普遍能够超过 3%，而很多货币基金的收益率只有不到 2%。

任意选择一款银行理财产品，比如某银行为期 6 个月的理财产品，名字叫"半年宝"，也就是说购买该产品满 6 个月以后就可以赎回资金。如附图 4-1 所示，通过观察其 2023 年 3 季度的持仓数据可以发现，这款理财产品的年化收益率大概是 3.3%。

附图 4-1 某银行的"半年宝"2023 年 3 季度的持仓数据截图

可以看到，在这款理财产品的投资方向中，49.87% 投资在债券上，23.09% 是现金及银行存款，另外还有 22.99% 投了同业存单。同业存单是什么呢？简单来说，它也是一种银行存款，只不过这种存款只能由金融机构购买，个人不能购买。因此，这款银行理财产品中有近一半的资金投在了债券上，还有一小部分资金投在现金及银行存款上。这就是这款产品风险偏好稍微高一点，收益率也略高一点的原因。

总结一下，其实我们可以将银行发行的低风险的理财产品当作货币基金的升级版本。**它们投资了更多的债券，因此有更好的年化收益。但也正因如此，在债券市场行情下跌时，银行理财受到的冲击也会更大。**

接下来我们就要问自己这个问题了——这样的风险值得我们担忧吗？**对于明确标明了低风险等级的银行理财产品，我认为我们无须过度担忧。**但是，我们要有一个心理预期——这些产品是有风险的，而且可能会出现阶段性亏损，亏损一般在 5% 的幅度以内。遇到亏损不要慌张，我们需要评估一下具体情况。**只要不是遇到系统性的金融崩溃，银行持有的低风险债券的收益一般都会反弹。**

就像 2022 年 11 月底的那次理财大跌一样。如果我们从之后一年的周期来看，绝大部分的银行理财都从当时的下跌恢复了过来，而且收益率还创了新高。而当时，许多相关产品的持有人是非常恐慌的，银行也遇到了大规模的赎回潮。

银行理财产品怎么挑

既然无须过度担忧，那么我们在选择银行理财产品时，有没有比较好的筛选方法呢？

从我个人的角度看，我倾向于找那种**成立时间相对较长的低风险产品**，比如有好几年的历史，管理团队的管理时间比较长，投资风格也相对稳定的产品。并且，成立时间长的产品对我们来说还有一个好处，就是能从数据上看到其历史表现的全貌。

看到全貌这一点非常重要。如果一个产品在历史上出现过幅度非常大的下跌，我大概率会规避这个产品，因为它很可能在风险控制上是有瑕疵的。因此，对一些刚成立几个月的理财产品，尽管短期来看其表现非常好，但如果看不到足够长的历史表现，我是缺乏信任度的。

这背后还有另外一个考量，就是每家银行一定会有一个核心产品系列，这个系列产品的成立时间一般都是最长的，持有人的数量也是最多的。我们可以从这个角度思考——产品系列持有人数量越多，银行越重视该产品系列，当然就越不希望这个产品系列出现风险。

再补充一点：**有一类银行理财产品，我建议没有投资经验的朋友不要碰，那就是标注了中风险或中高风险的银行理财产品。**有些银行会用数字来标记风险等级，比如 R3、R4。你在看银行理财产品的说明时，一定要关注它的风险等级。**中风险或者中高风险的银行理财产品**通常会把大比例的资金投到股票或者一些权益类的资产上。

目前，越来越多的银行把自己的理财资金委托给第三方的股票投资机构来管理。这就形成了一个相对比较尴尬的局面——既然银行也是委托别人来做股票头寸的管理，那我们又何必把钱投给银行，再让银行再委托别人来做投资呢？

那么，有没有一个公认的最佳投资配置比例？比如，我有 50 万元，我应该全部用于买银行理财产品，还是应该通过别的方式投资？

我认为，并没有这样一个最佳投资配置比例，因为每个人的情况都不一样，所以这一比例因人而异。但我有一个大原则上的建议，这个建议仅仅针对低风险投资。

我建议，**30% 的资金可以放在随时能够赎回、流动性非常高的货币基金中。**这样，一旦遇到短期要用钱的场景，你的钱就可以随时取出来。**剩下 70% 的资金，**我建议你把其中**一半投资在有固定期限的银行理财产品上，**比如 3 个月、6 个月、12 个月的银行理财产品，这样你就可以非常明确地预估这笔钱什么时候能够回到账上。**剩下的一半，我建议你把它投资到其他固定收益类产品上，**争取稍微高一些的收益，其中典型的就是债券类基金。这种搭配基本能够平衡短期用钱的需要以及在中长期获得较高收益的需要。

我在这里提到了固定收益类产品。这类产品可能更具迷惑性，听起来其收益似乎是固定的。那么，它的投资风险是不是真的很低呢？我们在这里打个问号。严格来说，这类产品还包括一些风险比较高的投资方向，我们很容易踩"坑"。

手里钱不多，如何投资风险低（下）

我们在前文中讨论了有一点钱该如何做低风险投资，以及这些投资的底层资产是什么。我把它们总结为三类。第一类是以余额宝为代表的货币基金，第二类是部分银行理财产品；第三类是固定收益类产品，这个种类的产品非常多，也比较复杂。我们通常最容易接触到的是债券类基金，这是门槛相对比较低的产品。

第一，聚焦债券类基金。虽然债券类基金通常被放在"固定收益"这个大名词下，但这个名字其实有很大的迷惑性，我们千万不要被这个名字骗了，以为它真的能带来固定收益。**固定收益只是一个称呼**，并不等于银行存款，在很多时候它的收益不是固定的。如果我们去看合同，上面应该写着**预期收益率**，或者干脆写的就是**历史收益率**。也就是说，**所谓"固定"，并不能保证一定会实现**。

为什么呢？因为这种产品的投资方向主要是债券，债券的价格是浮动的，甚至债券也是有可能违约的。比如有些房地产公司的债券就违约了，最后投资者一分钱都拿不到，相应的固定收益类产品也会出现收益变化。

严格来讲，这种投资的风险等级应该属于中低风险到中风险，但我们也可以把其中风险比较低的投资方向挑出来，作为低风险配置的投资方向之一。

第二，看看最有代表性的债券类基金。一般我们打开一个基金产品的首页分类，至少能够看到三个大类：**股票基金、指数基金和债券型基金**。对于这种债券型基金，大家通常会有一些困惑。一是，它的产品数量太多，容易看花眼；二是，没有比较简单的投资方法；三是，怎么合理预期投资中的风险，应该如何配置。

什么是债券型基金

首先，债券型基金的数量确实非常多，必然会让我们看花眼。截至 2023 年 12 月底，整个市场有近 6000 种债券型基金产品，合计规模超过 8 万亿元。

债券型基金这 5 个字非常简单，但它竟然包括几千种不同的产品。它们真的有很大差异吗？

如附图 5-1 所示，我随手在支付宝的基金页面里截了一张图，你可以直观地看到，债券投资并不比股票和基金的投资更简单。

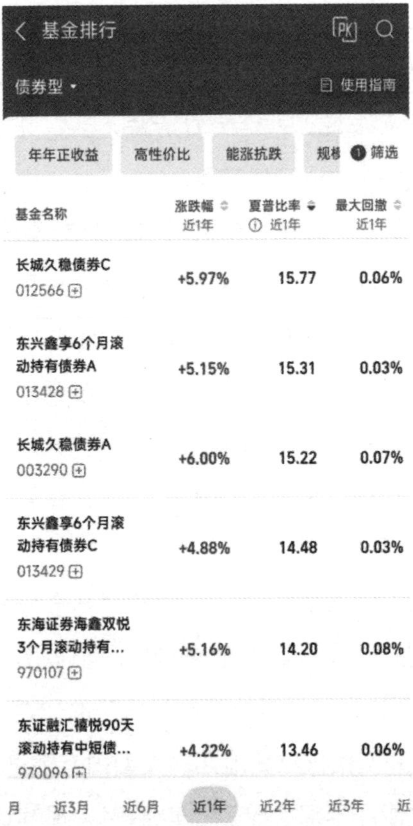

附图 5-1　支付宝债券型基金的页面截图

在附图 5-1 中，你能看到好几种不同的债券型基金。我用自己的经验来总结一下，我们应该关注的差异点是什么。

第一，这些债券型基金都有**封闭期的差异**。有的债券型基金是买了一段时间之后才能够赎回的，比如它的封闭期可能是 1 个月、3 个月或 6 个月。这和银行理财有些类似，只有等到封闭期结束，我们才能把钱取出来。这一点很重要，对短期要用钱的人来说，一定要看清楚条款，并非所有的债券型基金都能满足你的流动性需要。

第二，这些债券型基金的**底层资产略有差异**。也就是说，每只债券型基金投资的债券种类不一样。这个数据在哪儿能看到呢？一般在销售这些基金的软件里面都会有"基金持仓"这个栏目，在这里能看到细项。如果找不到这个栏目，那么你可以直接去这只基金的官网查看基金公告，每个季度基金都会发布季度报告，里面会明确写出这只基金具体持有什么样的债券。

在这里我以随意挑选的一只债券型基金作为例子，没有任何推荐的意思，你只需要把它当作一个案例来看。如附图 5-2 所示，这只名为"中银纯债债券 A"的债券型基金，主要投资的是国家开发银行和其他几家大型国有银行发行的债券。

即便你对债券不那么熟悉，也不用去理解这些底层债券到底是什么，只需要记住一个要点：**中央政府和大型国有企业金融机构发行的债券，风险相对比较低；如果是企业公司发行的债券，风险就比较高**。

如果你看中的这只债券型基金的收益率特别高，高到你都觉得心花怒放了，这时，我建议你还是多留个心眼，去看一看它底层持仓的资产到底是什么，再来决定你要不要承担其中的风险。

附图 5-2　"中银纯债债券 A"的债基截图

除了要注意底层资产和封闭期的差异，还有一类债券型基金你一定要非常注意。这种基金其实更像股票基金，在它的名字里一般都会出现**"可转债"**三个字。**"可转债"**就是**"可转换债券"**的简称。它是一种特殊的债券，在一定的条件下，这些债券可以转化为发行方的股票。这样说你就懂了，它是可以变成股票的，因此它的收益确实比普通的债券高一些，但相应地，它的风险也同样会被股票的风险所传导。

这类名字中带有"可转债"的债券型基金我建议你暂时就不要去碰了。

简化投资决策的"捷径"

如何做出债券上的投资决策？

因为很多人并不是债券方面的专业人士，所以肯定也不会花那么多时间去挑选债券型基金。那么，到底有没有什么简单的筛选方法，能够让我们承受的风险稍微低一些呢？

答案是投资**债券 ETF**。

债券 ETF 与股票 ETF（也就是股票指数基金）类似，简单来说，就是把同一个类型的债券打包在一起，做成一个指数。作为投资人，我们可以直接买卖这个债券类的指数基金，这样就分散了投资单一债券的风险。同时，债券 ETF 也有归类，我们可以直接去找不同归类里风险最低的一类。

在 2023 年年底，市场上的债券 ETF 一共有 19 只。我们的筛选范围从 6000 多只债券型基金，缩小到了 19 只不同种类的债券 ETF，筛选难度就降低了。其中，比较有代表性的有国债 ETF、地方债 ETF，当然还有城投债 ETF、公司债 ETF 等。

　　这种投资标的最大的好处就是，我们在选择时会非常明确我们投资的是什么。既然我们要找低风险的投资方向，我建议你直接去看**国债 ETF**，它以中央政府发行的债券作为主要投资方向，这类产品的风险在债券型基金中相对是最低的。

风险与收益的平衡

　　现在，我们把债券型基金投资的大范围，逐步缩小到了债券 ETF 指数基金，也明确了低风险的投资标的。那么，我们应该如何合理预期投资中的风险，以及我们的配置比例应该是多少呢？

　　国债的投资风险主要还是利率变化的风险。有一个简单的公式：**利率下降，国债价格上涨；反之，国债价格就会下跌。**哪怕是国家发行的债券，在二级市场交易时，也会有价格波动。

　　当国债价格上涨得特别快时，我们看到国债 ETF 的收益越来越高，就要意识到，它回撤的风险其实也是在加大的。这时，我们可以稍微谨慎一点，就和投资股票一样，不要用太多的资金去追高。换句话说，**债券 ETF 也是适合定投的**，我们不要做"一锤子买卖"。毕竟债券型基金不是银行理财产品，它的波动性还是会相对大一些。

对于这种债券基金，我们应该怎么去预期它的合理收益率呢？

如果是稳健一点的债券，比如以国债为代表的那些，3% ~ 5% 的年化收益率就是比较正常的。如果遇到 2024 年一季度这样的债券牛市，那么年化收益率可能会更高一些。对我来说，如果一只债券型基金的年化收益率超过 10%，那我就会非常谨慎了，说不定我很早就已经止盈了。随着债券价格疯狂上涨，一定会有波动性加大的风险。

至于配置多少比例比较合适，我还是会按照一般性的资产配置的原则，**同一种资产不超过总资金的 30%**。这完全是出于风险控制的考虑。假如我现在有 100 万元，我想全部投资到低风险的地方，那么我投资的债券类基金或债券 ETF 肯定不会超过 30 万元。剩下的钱，我可能会用 30% 投资银行理财产品，40% 投资货币基金。再剩下的一点钱，我可能就拿来做灵活配置了，看什么产品的价格下跌得多，就补一下仓。在这种配置比例下，我们就可以兼顾短期用钱和中长期收益的需求了。

在附录 4、附录 5 中，我们梳理了常用的低风险投资方向，以及其中潜在的风险是什么。当然，低风险的投资方向还是有限的。如果你想要获得更高的收益，可能就要考虑股票投资、股票基金投资，甚至海外市场的投资了。

投资股票基金，风险不比炒股小

不少刚入门投资的朋友，在第一次投资时都买了股票基金。但最近三年来，股票基金的收益非常惨淡，引起了不少人对这种理财方式的质疑。

如今，在网络上能搜到各种教我们如何挑选股票基金的文章，这些文章教授了各种不同的方法论，但我认为其中很多是有问题的。

我其实想"劝退"大家。我认为相当一部分投资股票基金的人并不合适做这类投资。而且，**在股票基金里"踩雷"的概率和直接买股票"踩雷"的概率几乎一样高。**

首先明确一下，此处的讨论只针对主动管理型股票基金。这一类基金有专职的基金经理，他们会根据自己的投资偏好和投资方法论主动选择投资什么股票。因此，我们称之为主动管理型股票基金。

除此之外，还有很多其他类型的基金，比如指数基金、量化基金、债券基金等。这些都不在我们目前的讨论范围内。

虽然站在我自己的角度，我更偏好投资指数基金，但我们先来讨论一下现在国内市场上占比更大且更具迷惑性的主动管理型股票基金。

"专业"也无法降低的风险

投资行业中有一句话："让专业的人做专业的事。"这就是在试图说服大家：投资的风险太大了，应该把这件事委托给专业投资机构来做。

对我们普通人来说，委托股票基金经理来投资股票，似乎比我们自己去投资股票的风险更小。但现实真是如此吗？

在我看来，这种想法有很大的误导性。我们**盲目购买股票基金，风险可能成倍增加**，这一点也不夸张。并不是说主动管理型股票基金都不好，而是往往有各种各样的客观原因导致我们很难从它的好处中获益。

我从两个角度来说明为什么。

第一个角度，风险。

我们买一只股票基金，有什么风险是可能降低的，又有什么风险是不可能降低的？

我们先看能降低的，那就是**专业认知不足导致的风险**。

我自己曾经是公募基金从业人员，我非常认同基金研究团队有很高的专业度。比如，当一家公司的经营和业务出现问题时，局外人不一定能及时知晓，但投资这家公司的股票基金经理有专业的研究团队，会跟踪公司的最新变化，能够比局外人更快地知道这件事。

举一个极端的案例。假设有一家公司，它的业务是虚假的，虽然号称要建设一条很先进的生产线或计划生产某种产品，但是根本就没有落地，只有媒体在铺天盖地地报道。普通人一看到这些舆论或许就相信了，但基金公司的研究团队会去实地考察，比如去厂房建设地看看到底有没有开工，甚至会调研下游客户到底有没有下单这些新产品。因此，专业的研究团队有更大的概率能分辨信息的真假。

这其实就是**有效认知的差异**。股票基金经理能掌握更多的证据，而一般的投资者掌握的信息大部分都是观点，尤其是媒体的观点。

但我们在投资股票时，在专业认知不足之外，我们还面临着很多其他风险，而这些风险是无法降低的。

换句话说，我们和股票基金经理面对的不确定性是一样的。

以最常见的**地缘政治风险**为例。我们能想象到的几乎所有的国际冲突，都有可能影响股票投资。

你可能会问：这关我国的 A 股什么事儿呢？看起来确实

没什么关系，但你会发现外国出现了冲突，我国的股价往往就会下跌。风险就是这样的，环环相扣，有传导效应。尤其是当前还有海外资金通过陆股通投资 A 股，地缘政治风险就成了 A 股最关心的问题之一。

对于这些风险和变化，股票基金经理能预测吗？团队又能预测吗？

不用猜，我直接给出答案：没有办法预测。如果真的发生了什么重大事件，大家都会一头雾水。

更不用说**系统性的金融危机**了。比如在 2008 年的金融危机后，股票资产最大的下跌幅度非常惨烈，跌幅超过 50% 的股票比比皆是。

那么，股票基金经理能够预测金融危机吗？

绝大部分是不能的。我们能看到，股票基金的净值下跌情况也非常惨烈，如果他们能做得更好，实际情况应该不至于这么惨烈。从结果倒推，不论是专业投资机构，还是普通的投资人，都难以摆脱系统性的金融危机带来的影响。

相当多外在的、大环境造成的风险，永远都在那里，我们很难躲开。

我们只能希望，在这些风险发生时，专业的人能够比我们应对得更好、损失比我们更小。

虽然我们如此期待，但结果也往往是不尽如人意的。其中的原因能找到，比如考核激励机制的影响。如前文所述，相对收益的考核会导致基金经理在某些时刻很难做出止盈或止损的判断；还有扭曲的激励机制，比如大部分基金公司的固定管理费模式，无论业绩好坏，都不会影响其固定管理费；以及追涨杀跌、情绪化交易、过度营销等，这些就不用细说了。

隐蔽的"代理人风险"

接下来谈第二个角度，"代理人风险"。

我们把钱交给基金经理，基金经理就成为我们的代理人，代理我们管理这些钱。这意味着我们需要去研究这个替我们管钱的人。

那代理人风险是什么呢？用大白话说，就是你以为你很了解这个基金经理，但其实你并不了解他。

可以想一想，研究一个公司或者一只股票其实是非常难的，研究一个人则更难。

我举几个例子。虽然我们知道有一些基金对外宣称有自己的投资方法，但是我们并不知道其在决策时真实考虑的因素是什么，也不知道代理人真实的性格是什么样的。是急躁、容易激动，还是非常沉稳？我们更无法了解他这个月、这一周，甚至这一天到底在做什么、接下来准备做什么。

虽然基金公司会披露季度报告，但是听到季度报告这个词你也能知道，它出现的频率并不高。基金经理偶尔会出来做一些交流，但是也不见得都敢说真话。因为真话说多了，他们和渠道的配合就会受影响，所以在交流时说什么，也是在一定的边界范围之内的。

我把影响我们判断的因素总结成了三个方面。

第一，我们要了解一个人需要很长的周期。

人不会完全知行合一，除非你对这个人的行为有持续的长时间观察。

前文讨论过，投资是由一个又一个的决策组成的，背后有逻辑框架、有事实，还有数据。但是，站在局外人的角度，我想去了解一个基金经理每次买卖的投资决策到底是怎么做出的，几乎不可能。我手上既没有数据，也没有事实，只知道最后的决策，这就是一个结果。我不知道得出结果的过程是什么，除非我们真的投入很长时间去观察和理解。

第二，行业内会出现过度营销和包装。

实话实说，我们只要一打开宣传册，看到的就都是很厉害的人，他们有非常优秀的履历，投资能力看起来也非常强。其实，每个人都有自己的优点和缺点，也有自己擅长的事和不擅长的事。但在宣传册里是看不到他们的弱点的。

　　每个人都会有自己的强弱周期，有顺风顺水的时期，也有走下坡路的时期。而在过度营销和包装下，我们很难全面了解一个人的下行周期，或者对某一只股票基金来讲，最坏的周期大概会出现在哪里，我们也是完全不知道的。这也是为什么我们会突然发现某些明星基金经理莫名其妙地亏了很多钱。

　　当然，亏钱这件事本身并不奇怪，我们在投资过程中一定有赚大钱和亏大钱的时候。比如，一位去年还不知名的基金经理，今年突然就变成了行业里的领头羊，或者去年的明星基金经理今年突然排名就靠后了，这种事并不少见。

　　所以，在过度营销和包装下，我们缺少足够多的真实数据和事实去判断基金经理真实的投资周期。

　　第三，**基金经理的流动性太强**。

　　假设我们经过很长时间的跟踪研究，终于搞明白了一只股票基金的基金经理的投资模式是什么样的，结果到了第二年，他辞职走了，这只股票基金又换了管理人，那我们该怎么办呢？作为这只股票基金的投资人，我们又得从头开始做研究了。

　　基金经理流动性太大的问题很早就受到监管的关注。最近一年来我们也看到了一些政策出台，要求基金经理在自己的岗位上待更长的时间，甚至还有一些限制离职的措施。这确实在一定程度上削弱了他们跳槽的冲动。

不过，行业现状还是有目共睹的，大量的基金经理都比较年轻。我们其实也要多问一下背后的原因：年龄较大的基金经理去哪里了？他们要么辞职自己单干了，要么去做管理层了。毕竟在投资一线，不仅工作压力大，还会挨骂，不少人在年龄大了之后就不太能承受这样的压力了。

我在翻看国外的一些老牌公募基金的资料时，经常看到一个人管理自己的基金长达一二十年的情况。甚至有时候这个人从入行开始，就是在他这只基金的团队里工作的，这就是他的第一份，或许也是最后一份工作。

不知道什么时候，我们才能在国内普遍看到这种个人职业和一只股票基金深度绑定的情况。

不可盲目相信投资顾问

现在也有一些所谓的基金投资顾问，开展了一项帮助我们选择该投资什么样的股票基金的业务。这项业务诞生的时间并不长，还处在早期阶段。就我的观察而言，一些非常优秀的投资顾问能提供比较好的个性化建议，但真正能够识别出股票基金经理投资能力的投资顾问，是非常少的。

我有一位在海外家族基金工作的朋友，他自己做投资，同时也投资别的基金经理。他在全球股票市场上已经有了十几年的经验，也花了很多年时间跟踪研究不同投资派别的基金经理。对他来讲，这件事做起来相对轻松一些。

他是怎么做的呢？首先，他会和基金经理进行好几轮深度访谈，把对方的投资风格和方法都记录下来。接着，他会索要这些基金经理重仓的交易记录，记录的时间越长越好。这就是我们说的数据和证据。然后，他会用一个专业模型——可以简单地叫作因子模型或回归模型，用量化的方法分析这位基金经理过去的表现有什么特征。

在这个过程中，他会非常注意**历史交易记录中的异常交易，也就是"知行不合一"的地方**。比如，某个基金经理号称自己在进行价值投资，但是我的朋友在翻看交易历史记录时发现其中有很多炒作性股票的交易，那么这个基金经理就需要详细地向我的朋友解释为什么做出这些投资决策。如果有严重的事实不符的情况，这个基金经理就会被一票否决。

我这位朋友的经验已经非常丰富了，而且对基金经理的研究也很深入。即便如此，他能够真实地深度跟踪理解的基金经理也不超过 20 个。

那些刚入行只有几年的投资顾问，自己也不一定做过投资，不太了解投资在实操上到底是怎么做决策的，他们往往就会根据比较简单浅显的访谈来判断一只股票基金是否有投资价值。

在这种情况下，投资顾问并不能真正挖掘出优质的股票基金。我更倾向于认为，他们是带着销售的思维来推销股票基金的。

总结一下：如果我们自己对投资的了解并不多，又没有掌握足够多的数据和证据，那就**最好不要去投资股票基金**。

我说出这句话还是有难度的，毕竟我自己从事的也是这个行业，但是我依旧要说，最好不要投。

在绝大部分案例里，我们并不知道股票基金经理的真实情况是什么样的。研究一个人比研究一只股票的门槛还要高。大家在充分认识到股票的风险前，不仅自己不要贸然投资，也不要轻易委托别人去投资。

如果你觉得这本书的内容有价值，也请你把它分享给你关心的人。希望在未来的时光里，我们能够一起识别风险、防范风险。

做量化投资，一场永无止境的"掘金"

量化投资听起来像是某种高科技，甚至还有人认为量化就是用机器、用人工智能来投资，必定比我们人类做得更好。我在前文中提到了量化，但没有深入展开。

通过与我的老朋友老叶的对谈，我想补充讨论一些具体内容。他是国内某量化基金的合伙人，研究量化投资超过14年。他不仅是一线的实操者，还把自己的钱也投在了自己的基金上，是真正把钱放进去参与游戏的人，是值得我们了解的人。

与老叶的交流包括三个方面内容：第一，量化投资到底是什么；第二，量化投资和其他投资比起来到底哪个更好；第三，我们作为普通投资人应该怎么做，会存在什么风险。

在开始介绍详细内容之前，我先解释一个专有名词——主观投资，它在接下来的内容中会反复出现。所谓主观投资就是我们作为基金经理主动选择一些股票来投资。它和我们看到的量化投资——用算法和机器投资，会形成鲜明对比。

找的是小规律

老叶

大家好，我是老叶，我目前在国内一个偏高频的量化基金工作，过去两年业绩还是挺不错的，而且比较快地做出了规模。很高兴能针对量化投资进行交流。

周玖洲

老叶太谦虚了。怎么叫业绩不错？你明明是业绩非常好，也非常快地做出了规模。现在我们角色换了，我是提问的人，你是解答问题的人。第一个问题就是，量化投资到底是什么？

老叶

简单来说，**量化投资就是在数据里找寻规律**。主观投资是在脑子里记下了很多规律，而量化投资是在价格、信息里挖掘出一些能预测未来的规律。

周玖洲

主观投资也是看价格、交易量、基本面、公司经营情况等信息的，也是通过变化去找股价变动的规律的，这和量化投资中的找规律有什么本质区别？

老叶

量化投资在找规律时注重可检验性、科学性，必须在历

史数据里找到一个确定的规律，这个规律要经得起检验。主观投资有时存在记忆偏误，一个人有可能记住了自己某几笔成功的投资，觉得这就是一个放之四海皆准的规律，但实际上这个规律未必是通用的。这是二者之间一个比较大的差异。

周玖洲

主观投资都具有很强的偏好，其中就存在路径依赖这种强偏好，它会让你倾向于复制你以前成功过的做法。你认为量化投资中的找规律是否存在这样的问题？

老叶

量化投资有一定的客观性，在数据上确实能找到客观规律。另外，量化投资中的找规律，不只是找一只个股的规律，它其实是一个组合，你可以认为量化投资找出的规律是市场上有一半的股票比另外一半的股票好、在什么条件下会更好，这是更大层面上的规律。

我感觉量化投资想找的规律类似于去捡很小的芝麻，而主观投资想找的规律是去摘很大的西瓜。**量化投资只是找一些很小的规律，然后把这些规律组合起来**，这反而对市场有更好的预测作用。

周玖洲

因此，主观投资之所以叫"重仓个股"，就是因为它是在个股里找西瓜。量化投资并不在意这种特别大的机会。

老叶

量化投资不会去找所谓十倍股 [1] 的规律，或者挖掘某个新兴产业的发展规律。它就是找很小的规律，比如量价齐升。量价齐升是一个现象，那么后面几天量价齐升的股票是不是会比其他股票涨得更好？将这些简单规律组合起来，我们就能对市场、对这些股票形成一个比较好的预测。

周玖洲

量化投资找出的是上千只股票的规律。

老叶

对，它在规律的形式、对规律的检验上，与主观投资是比较不一样的。

周玖洲

我们可不可以这样理解，就是**量化投资是在找大样本下面的统计学规律，主观投资是在找小样本下确定性比较高的大机会规律**。

老叶

我觉得这种理解非常准确。

---

[1] 即股票价格可以在相对较短时间内上涨十倍以上的股票。

同样离不开人

周玖洲

那我就要引申出第二个问题了。我们都是在找规律，主观投资是用人的脑袋来找，量化投资似乎是在用机器找，那么量化投资到底是不是由机器做的？

老叶

首先我们一定要明确，**机器也好，算法也好，都只能辅助我们找规律**。现在数据量越来越大，这么多的数据，如果用普通算法去挖掘，有些深层次的规律我们就找不到。我们现在越来越依赖于一些复杂的规律，包括用机器学习的算法找出的规律，但我并不认为量化投资只是机器在投资，它融合了很多人的经验和判断，相当于人在驾驭量化投资。

周玖洲

说到人也融合在用机器找规律的投资过程中，有没有比较形象的案例能帮助大家理解这一点？

老叶

打个比方，就像捕鱼，一开始我们会用网去捕鱼，现在技术进步了，我们可能要远洋出海捕鱼，甚至用雷达先探测鱼群在哪里，再去进行高精度捕鱼，但最终还是我们在掌控捕鱼的整个过程的。同样地，算法最终一定是融入了基金经理、研究员的思想和对市场的理解的。

周玖洲

量化投资听起来特别客观，是找客观的规律，但其中又有人脑的主观判断，似乎又有些矛盾。

老叶

数据永远是有限的，我们只是在数据里找规律。不知道你有没有听过一个很好玩的说法，叫"火鸡的统计规律"——火鸡每天都觉得主人对它特别好，因此得出了一个规律，就是主人会永远对它特别好，直到感恩节的前一天。

实际上，我们对于从数据中找到的规律要抱有一份谨慎之心。第一，我们挖掘出来的是不是一个真正的规律，谁都无法确定；第二，即使历史上确实有这样的规律，市场也是会变化的，这个规律不可能一直被沿用，有可能未来就反过来让你亏损了。

如果在找规律时能尽量结合一些人对市场的理解，我们对规律的自信度就更高了。这样的规律**一方面在逻辑上是有道理的，另一方面有数据佐证**，这时我们对它就有更高的自信度了。

周玖洲

如果我是那只火鸡，我会以为主人对我特别好。但我要是用量化投资找规律的方法，找统计学上的规律，统计其他

1000 只火鸡每年感恩节前后会发生什么事，之后，加上自己的主观感知，我就会明白原来我的主观判断是错的。

老叶

对，你甚至不需要看别的火鸡的情况，你可以看其他动物的主人是怎么对它们的，会不会一直养着它们。

周玖洲

通过刚才的比喻我们就能理解了，**量化投资在本质上是人加上机器在做投资**，不能剥离掉人的作用。

老叶

比如这个模型到底用哪些数据、我们怎么配合、通过什么模型把更多规律挖掘出来，这些都有人的参与。

周玖洲

或多或少地，我们也回答了这样一个问题——很多人批评量化投资是一个黑匣子，数据进去，结论出来，人们不知道这个黑匣子里到底发生了什么。

老叶

我觉得黑匣子这个理解对也不对。从外部视角来看，它确实有点像黑匣子，但是从内部构建模型的基金经理或者研究员的视角来看，整个算法或者模型的输入是确定的，中间过程（也就是算法）也是确定的，那么它的结果应该也是确定的，每次都可以复现出来。

对于同一份年报，主观投资的基金经理可能反而会做出完全不同的判断。主观投资完全依赖人脑，**你可以认为人脑是一个更大的黑匣子。**

周玖洲

你说得非常有道理，人脑其实是一个更大的黑匣子。

老叶

而且如果你拿了我的模型，那么你用同样的数据应该会得出和我一模一样的结果。因此，我觉得从这个角度来讲，量化投资其实更加透明。

周玖洲

量化投资更加透明，不是黑匣子，主观投资才是黑匣子。股票基金投资对普通人来讲是非常困难的，你去研究一个基金经理，比研究一只股票还要难。

老叶

对。要完全了解一个基金经理需要很多年，可能十年的业绩都不能说明一个主观投资的基金经理到底是不是优秀的基金经理。量化投资其实更容易鉴别。

周玖洲

我们以前做主观投资，最经常出现的现象就是你刚才说的，同样一个财务数据爆出来，十个人里有六个人是看好的，有四个人是看空的。大家的预期不一样、反应不一样，但是量化投资不存在这个问题。

老叶

我觉得量化投资看的就是同一个数据，不同的人去检验应该能得到差不多的结论。

最关键的是验证

周玖洲

一个量化投资人的一天到底是怎么度过的？请老叶描述一下你和我们这些主动投资人的一天到底有什么区别。

老叶

那我可以先问问你，作为主动投资的基金经理，你一天的时间主要分配在什么地方？

周玖洲

作为主动投资的人，我们基本上都是在找投资想法和找证据。找投资想法时，我们有时会看研究报告（大家都知道券商会经常提供一些研究服务），或者去开会，去见一些上市公司的人。这是找投资想法的阶段。

有了想法，我们就去调研，去真正拜访上下游企业，调研产业链，再去找更多的数据来印证我们之前的想法。最后我们得出投资结论。因此，基本上，我们一天就做这两件事——找投资想法和找证据。

老叶

量化投资人的工作可能比你们的还枯燥一点，但我觉得在本质上是很类似的。我觉得最重要的是我们刚开始说的，需要找投资想法。比如，我们自己观察市场，发现好像有一个现象，那我们就通过写程序的方式去验证一下。我觉得写程序类似于你们调研、验证的过程。为了发现规律，我们会看一些学术论文、券商研报来观察市场，我们自己也会观察市场。

我不知道你们的成功概率是多少，我们找的投资想法最后写程序来验证，**成功概率是非常低的**，100 个投资想法里，可能最后能成功的没几个。不知道你们挖牛股，100 只牛股最后能成功几只？

周玖洲

对于一个有主观偏好的人，100 只股票里有 90 只是牛股。这就是有偏好的问题。

老叶

可见，其实成功概率都不大，这也正常，要是大家想一件事就成一件事，那还得了。

周玖洲

对。你说的量化投资人的一天，我感觉有一点和主观投资人不一样，就是你们要读论文。你说的论文，是一些比较专业的学术论文，和我们看的研究报告可能不大一样。

老叶

对。我们会从最新的学术论文里寻找一些投资想法，但最重要的还是要在自己的数据集上验证这些想法。

周玖洲

我好奇一点——你们的验证过程和前端看学术论文的过程，在时间分配上占比会不一样吗？哪个过程最耗费你们的时间？

老叶

肯定是验证过程。写程序去验证投资想法的过程是最耗时的。通常，你还需要准备数据、清洗数据，而最后这个投资想法大概率是不成立的。

周玖洲

如果发现一个投资想法，通过数据验证是有效的，你们接下来会怎么做？

老叶

那我们就会跟踪这个规律一段时间。在从历史表现中挖掘到这个规律后，我们会真实地观察它一段时间，看看它在未来六个月内是不是依然起效。如果未来的表现和历史表现差不多，我们就认为这是一个切实可行的规律，并把这个规律加到组合众多的规律池子里，对股票市场整体做一个预测。

周玖洲

你们不会在发现某个规律并检测有效后，就立马开始交易；你们还会再观望一小段时间，确认之后才会进行交易。

老叶

对。现在挖掘的数据多，有些规律其实是假规律，这种情况就很容易让人亏损。

周玖洲

这种当时发现有效、后来又变得无效的规律，占比多吗？

老叶

所谓的因子失效，第一个原因就是挖掘出的规律不对，这个因子在历史上只在某些时间段内或某些市场环境下起效，但未来比如六个月后市场环境变了，它就没有那么有效了。第二个原因就是各家公司可能会挖掘到类似的规律，大家都在用这个因子，这个因子的有效性就会逐步变低，最后这个因子就失效了。**做量化投资其实是一件挺辛苦的事，永远都要挖掘一些新的规律，永无止境。**

周玖洲

感觉像在挖矿。

老叶

就是挖矿，你要翻很多石头，才能挖到一点宝石和金子。

周玖洲

挖到矿之后，你可能会发现别人也挖到了，你还是没有变得相对更富有。

老叶

这符合竞争规律。在这个过程中，市场规律变得越来越有效。原来凭借一些很简单的规律都能挣钱，但在现在的市场中肯定是不行了。

周玖洲

我简单总结一下，量化投资是对客观历史规律大样本的统计，并且通过人机结合的方式，把这个统计规律用来做未来的投资。因此，量化投资人的一天是非常辛苦的，早上起来就开始读研究报告、读学术论文，然后不停地去找证据、写程序。其实工作内容有点像程序员，用代码不停回测。

老叶

对，而且**做量化投资还很有受挫感，有点像踢足球，进一个球很不容易，但是进球价值很高。**做程序员更类似于打篮球，得分容易，但进一个球也没有那么强的兴奋感和成就感。

后视镜 vs 挡风玻璃

周玖洲

我们现在来回答另一个问题——量化投资和其他投资基

金比起来，到底哪个更好？我抛出这个问题其实是有触发因素的。在过去两三年里，主动投资的发展是特别慢的，甚至是萎缩的，量化投资却发展极快。在过去几年里，国内出现的百亿规模以上的量化基金已经不少了，这给我一个冲击。我是一个做主动投资的人，我开始思考量化投资是不是真的更胜一筹。

老叶

在过去两三年里，国内量化投资在管理规模、业绩方面，相对于主观投资有比较大的优势。其中最主要的原因，我认为还是国内量化投资有一定的客观科学性，每个规律必须在历史数据里得到严格检验。这也是量化投资的一个优点。而一个主观投资人的投资依据有时是自己的记忆，主观投资人在看到新的股票时可能也很兴奋，但这种兴奋不见得是真实的。量化投资人则避免了主观性、情绪性的影响。

量化投资的另一个优点是，它会尽量在风格、行业上更分散，持仓也比较多，可能有几百只股票。与之相反，2021年之后，主观投资人在大白马股票[①]上抱团，风格一度变得很突出。

量化投资还有一个优点，就是它有一些风险控制、组合管理的工具，产品形态可以更多样，比如它可以做成指针产

---

① 指长期绩优、回报率高并具有较高投资价值的股票。

品，也可以加入一些股指期货对冲、融券对冲，做成中性产品，供风险偏好不同的投资人选择。

周玖洲

我想反驳一点。2021 年初，量化投资在小盘股上抱团，最后导致小盘股崩盘，从中也能看出量化投资其实也有抱团现象，我觉得这是量化投资的风险。

老叶

可能由于某种因素的变化，历史规律变得不太适用了。抱团现象在量化投资历史上的确出现过好几次。**量化投资最大的风险就是历史规律不再有效了。**

周玖洲

我其实是质疑量化投资的。量化投资是拿着数据去刻舟求剑。你们拿到历史数据，包括与过去的股票表现相关的宏观数据、微观数据、高频数据，然后做出一套统计结果，认为它们在未来依旧有效。这在我看来是用后视镜的模式去做预测。

老叶

我对这一点的理解和你的理解不太一样。我觉得有时，我们并没有清晰的前景用于预测，而看后视镜其实也能得到很多信息。如果我们在后视镜里看到道路比较平坦，我们就可以预测前路大概率也比较平坦；如果我们在后视镜里看到道路有很多起伏，我们可能就得小心一点。因此，我觉得看后视镜也是有一些预测作用的，看后视镜不见得就是一件很荒唐的事。

从另一个角度来讲，主观投资人虽然在往前看，也确实永远都在做预测，但预测出的未来也总是模模糊糊的，可见前挡风玻璃也不是那么透明。

周玖洲

这个看法有点"扎心"。确实，我们都想做预测，预测正确的概率却真的很低，可能比你用量化策略"翻石头"成功的概率还低。

老叶

有一种说法——预测未来，躲躲闪闪，误差惊人。

周玖洲

这是一副对联。上联：解释过去，头头是道，似乎有理。下联：预测未来，躲躲闪闪，误差惊人。横批：经济学分析。

我还对一个话题比较感兴趣。现在科技发展得很快，有了人工智能，有了 ChatGPT，我一直在琢磨人工智能如何赋能主观投资，但在尝试了一年多后，我意识到 ChatGPT 或类似的人工智能工具对主观投资基本上没什么用。我很好奇，比起用于主观投资，这些新的工具是不是更能融入量化投资？

老叶

我个人觉得量化行业过去几年被 AI 深刻改变了。你提到的 ChatGPT，它背后的核心算法叫 Transformer。Transformer 和比 Transformer 更早出现的一些模型，我们在量化模型里都会用到。相比于线性的、常规的早期模型，Transformer 挖掘规律的能力确实强了不少。

另外，现在量化行业在用 ChatGPT 时，更多地是把原来的一些文本资料、录音资料甚至视频资料，纳入挖掘规律的范畴。这一方面扩展了挖掘的范围，另一方面提升了挖掘的效率。

周玖洲

我理解 ChatGPT 能帮你们把数字之外的数据捕捉出来，文本、语音、电话录音、访谈都能够得到处理了。

老叶

对，这实际上是一个军备竞赛，大家用更多的数据、更先进的方法努力挖到更多的规律。

高净值也有风险

周玖洲

既然量化投资这么厉害，那么我们作为普通人该怎么参与其中呢？当然，有个前置问题：我们要不要参与其中？对普通投资人来讲，可能量化投资就是不适合的，原因可能是量化投资太难理解，也可能是风险太大。那么量化投资到底适不适合普通人？

老叶

我觉得，对普通人来说，问题还是原来的问题，即如何辨别一个做主观投资的基金经理到底是不是优秀的基金经理。对此我们可能也得观察很多年，看这个人的业绩、过往。量化投资相对来说就比较简单了，我们可以缩短考察期限，可能半年就能发现这个规律找得不对。对普通人来说，鉴别的门槛可能就降低了。这是我觉得普通人适合参与量化投资的第一个原因。

我觉得普通人适合参与量化投资的第二个原因，是量化投资呈现出来的产品形态或形式比较多。比如公募，在 A 股中，就算是宽基指数①，它的波动性也依然很大。我们现在在公募市场上能找到一些所谓的 Smart Beta②，就是某一类风格的 ETF，比如红利波动小的 ETF，在历史上走势比较平稳。它的核心也很好理解，投资的都是一些相对来说波动比较小、

---

① 指覆盖面广泛、具有相当代表性的指数基金，如沪深300指数、中证500指数等。

② 是一种结合了被动投资和主动投资优点的投资策略，旨在通过系统性和规则性的方法，获得超越传统市场指数的回报。——编者注

分红比较高的股票，这些股票相对比较成熟，特别在最近几年表现得比较好。这对于风险偏好没那么高的投资者是比较友好的。更何况量化私募里面还有一些中性产品，基本上不随市场情况涨跌，会带来比较稳定的收益。

周玖洲

听起来，对普通人来讲，量化投资有一定的控制风险的作用。

老叶

普通人之所以买一个做主观投资的基金经理的产品，可能是因为这个基金经理的名气很大，但买了他的产品可能会发现回报也不是特别高，又不知道该怎么办——是继续持有还是赎回，比较难判断。量化投资相对来说考察的是周期更短的产品。

周玖洲

我觉得你还是有偏见，你是量化投资从业人员，你才觉得它好。我想挑战你一下：量化投资就没有风险吗？我都能想到一些风险——2024 年春节前后，量化投资抱团小盘股，好多大型、中型以及一些小型的量化基金牵扯其中，一两周内的净值回撤非常高，差一点出现系统性风险。

我们再看远一点，金融史上有一个很有名的基金公司叫长期资本，应该算是量化投资界的鼻祖，用数理统计方法找规律投资。长期资本公司是因为 1998 年那一次金融危机倒闭的，出现风险时，它在极短时间跌完了几乎所有净值，最后资不抵债。在我看来，量化投资其实有很大的风险，我觉得有必要向作为普通投资人的大家充分披露这些风险。很多产品、很多投资渠道不会披露这些风险，但我觉得我们很有必要把这些风险讲出来。

老叶

你说的不错，历史上发生过很多次这样的回撤，我相信未来依然会发生这样的回撤。

虽然量化投资用的是历史检验过的规律，但未来市场在某一段时间因为各种原因或监管发生变化时，规律会失效，这种风险是有的。

还有一个问题：量化投资是比较客观的，各家（公司）挖出来的规律有一定的同质化情况，一旦规律失效，各家都会回撤，这相当于加剧了踩踏的效应。这在投资上给了我们一个启示，就是**不管买什么产品，都要遵循分散化原则，**可以配置债权、股票或期货，核心理念就是分散化。

我建议大家在买量化投资产品时，也要做到覆盖不同产品、不同市场、不同资产、不同策略，甚至要特别注意一类产品，这类产品的历史净值曲线特别漂亮，产品一直在稳定挣钱，这就相当于在火车头前捡硬币，历史上好多年都在稳定挣钱，直到有一天，一下子一周可能就亏损了一大半。

我们最终还是**要了解净值曲线背后的风险和收益来源，**要做到心中有数，不能盲目看净值曲线，否则就有可能陷入潜在的风险中。

投资的世界没有简单明确的答案，不是说买完哪一个产品、哪一类产品，或者哪个基金经理的产品，就可以高枕无忧了。

周玖洲

对，这个我们都能理解，确实没有简单明确的答案。只是现在大部分人其实就想要一个简单明确的答案，让自己从此高枕无忧。但你说得对，尤其是在火车头前捡硬币的比喻，和我们主观投资人说的感恩节前的火鸡是一回事。你只是不知道你使用的策略或你找到的规律什么时候失效。

我觉得对量化投资来说也是一样的，大家很容易被漂亮的净值曲线"忽悠"，比如我买了某个公司的地产信托产品，之前的收益率一直很高，直到有一天该公司"爆雷"，本金就一下子归零了。我们该怎么去判断？什么样的产品、什么样的净值曲线需要我们格外关注？

老叶

我们还是要了解产品背后的运作机制采取了怎样的策略，并没有一个简单明确的答案。

周玖洲

那对普通人来说，做到这件事情就特别难了，能够看懂公募基金产品对普通人来说已经是一个挑战了，还有大量的量化投资属于私募产品，这些产品的透明性更低。

老叶

那我们可以看一些公募增强型产品，比如沪深300增强，它可能比你单纯持有一个沪深300指数或中证500指数要好。

周玖洲

我这样总结一下：对普通人而言，在考虑量化投资时，复杂的策略最好就不要碰了。简单的方式就是如果要投资量化产品，我们就去看一看公募基金发行的一些比较简单、直白易懂的量化ETF、量化指数增强产品。

老叶

我觉得这是切实可行的。你不懂的东西有可能会"咬"你一口，投资的世界充满风险。

周玖洲

感谢老叶帮我们揭开量化的神秘面纱。现在我们就知道了，从普通投资人的角度来看，量化投资确实有非常好的地方，但投资难度并不低，如果你不具备专业的量化策略分析基础，最好不要去碰大部分的量化私募产品。谢谢老叶的分享。

老叶

谢谢玖洲。

周玖洲

和老叶的讨论就到此为止，我总结一下老叶提出的几个观点。

第一，量化投资并不是机器在做投资，它依旧是人和机器结合起来做投资选择，同时这种投资其实比主观投资更加透明。

第二，量化投资并不是那么容易理解的，其背后的规律有非常多的模型。

第三，对我们普通投资人而言，想要参与量化投资，可以考虑更多地看一看公募基金发行的比较简单易懂的产品。如果你要深入投资一个私募基金发行的量化产品，一定要注意，其中存在很多你不了解的风险，你一定要把背后的策略和投资收益来源了解清楚，千万不要冲动行事。

参考文献

[1] 华尔街见闻. 13 项罪名！"世纪大爆仓"始作俑者 Bill Hwang 被捕 [EB/OL].（2022-04-28）[2024-12-25].

[2] 点拾资讯. 最火金融美剧《亿万》男主角的原型竟是他 [EB/OL].（2016-02-15）[2024-12-25].

[3] 卡尼曼. 思考，快与慢 [M]. 胡晓姣，译. 北京：中信出版社，2012.

[4] 布雷克特. 陪孩子学会情绪管理 [M]. 王岑卉，译. 北京：科学技术文献出版社，2022.

[5] 新浪财经. 一个康宝莱和两个华尔街大佬的故事（上）[EB/OL].（2020-11-04）[2024-12-25].

[6] 财新网. 一个康宝莱，两个华尔街大佬的故事（下）[EB/OL].（2020-11-16）[2024-12-25].

[7] 每日咖啡资讯. 动机、方式、结果，全面解析浑水做空瑞幸 [EB/OL].（2020-02-04）[2024-12-25].

[8] 第一财经资讯. 券业年产近 20 万份研报、覆盖逾 3000 家公司，背后有怎样的分仓佣金江湖？[EB/OL].（2023-02-24）[2024-12-25].

[9] 南方周末. 网罗百万专家，揭秘凯盛融英背后的"商业秘密猎手" [EB/OL].（2023-06-15）[2024-12-25].

[10] 21 世纪经济报道. "上天入地"找数据：大资管用卫星研究宏观经济 [EB/OL]. （2023-03-18）[2024-12-25].

[11] 创业家. 信息过载的时代，成功者都是如何淘金的？[EB/OL]. （2018-05-21）[2024-12-25].

[12] 新浪财经. 吴飞：警惕社交媒体对你投资理财的影响 [EB/OL]. （2021-03-22）[2024-12-25].

[13] 嘉宾商学. 查理·芒格：我们赚钱，靠的是记住浅显，不是掌握深奥 [EB/OL]. （2023-12-01）[2024-12-25].

[14] 第一财经. 银行理财、债券基金大跌，谁惹的祸？ [EB/OL]. （2022-11-28）[2024-12-25].

[15] 第一财经. 理财大跌后，2023 年如何破局？ [EB/OL]. （2022-12-27）[2024-12-25].

[16] 第一财经. 别被算数平均回报率误导 [EB/OL]. （2022-06-08）[2024-12-25].

[17] 嘉实基金. 知识课：库存周期——解码投资"争时"的秘密 [EB/OL]. （2023-08-14）[2024-12-25].

[18] 上海证券报. 美国基金公司如何考核与激励基金经理 [EB/OL]. （2020-03-02）[2024-12-25].

[19] Williams, Underwood. The Science of Hitting[M]. New York: Simon & Schuster,1986.

[20] 保罗，莫伊尼汉. 止损：如何克服贪婪和恐惧 [M]. 陈

重亨，译. 上海：格致出版社：上海人民出版社，2016.

[21] 棱镜. 史诗级崩盘！如何解读"负油价"时代？[EB/OL].（2020-04-21）[2024-12-25].

[22] 虎嗅. 耶鲁模式，为什么你学不会？对冲基金到底是什么？[EB/OL].（2023-08-16）[2024-12-25].

[23] 锌财经. 孙正义告别"黄金时代"[EB/OL].（2022-12-02）[2024-12-25].

[24] 北京商报. WeWork 倒下　共享办公没有神话 [EB/OL].（2023-11-07）[2024-12-25].

[25] 芒格学院. 创新者的窘境——打破路径依赖，演化新曲线 [EB/OL].（2019-11-14）[2024-12-25].

[26] 36氪. 如何走出"路径依赖"？[EB/OL].（2022-05-11）[2024-12-25].

[27] 21 世纪经济报道. 重温｜"周期天王"周金涛：人生只有三次财富机会，2019 年会出现一次 [EB/OL].（2018-12-09）[2024-12-25].

[28] 林奇，罗瑟查尔德. 战胜华尔街 [M]. 刘建位等，译. 北京：机械工业出版社，2010.

用 DeepSeek 做聪明的投资者

智能工具投资应用手册

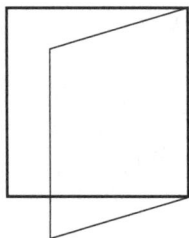

人民邮电出版社

北京

目录

我们在这里讨论的是 DeepSeek ／ 人工智能（Artificial Intelligence，AI），但我想开篇就说明这个看法：技术的迭代太快，AI 助理会在接下来的一年中纷纷出现，或许是 DeepSeek，或许是其他，我们要保持开放的心态。

一、认知篇：DeepSeek 投研变革

投资是一个古老的、传统的市场，是一个高度"人为化"的市场，也是 AI 变革要攻克的最后几个"堡垒"之一。

设想一下，有一天，我们敲击了一下键盘，预

设好的 AI 就开始组织今天的交易策略，然后接入交易端口，开始为我们赚钱，而我们付出的，仅仅是今天的电费。

这种场景可能出现吗？在我看来是不太现实的。投资界有一个通识，当人人都能做一件事的时候，这件事带来的超额收益就会下降，甚至慢慢消失。

就像 DeepSeek 问世后掀起的 AI 热潮一样，假以时日，街头巷尾的人们都用上了，也就没有超额收益了。所以，趁着现在看的人多、真正用的人少，我们不妨赶紧来看一看，DeepSeek 到底能在投资上怎么用起来。

谁先用、谁能用好，谁就能抢跑。

传统投资者的痛点，如何被 DeepSeek 解决？

说是投研变革，或许有一点夸张，毕竟人们把 AI 用在投研上，已经有好几年了，只不过那时的 AI 不是很"聪明"。

一提到日常投资的痛点，大家可以说的就多了，我总结了以下几个：

- 自己太忙了，没法集中精力做投资。
- 投资太难了，自己没掌握充足的专业知识。
- 自己的情绪波动大，常常追涨杀跌。
- 容易相信道听途说的"内幕消息"，屡屡"踩坑"。
- 轻易信任他人，结果被骗了。

但是，这些问题，真的是无法解决的吗？不是的，因为我们有工具，而且工具是飞速变化的。所以，站在今天的这个时点（也许几年前，当时的 AI 也被用在投资上时，我还不敢这样说），我们解决问题的方法正在浮现。

开宗明义：DeepSeek 解决的最大问题，是时间问题。作为一个推理模型，且能用比较通顺的语言把思路表达出来，DeepSeek 最大的优势之一就是"快速地把事情讲明白"。

为什么这么说？作为非全职的投资者，我们最缺的是时间投入。我们都有日常的工作，要面对生活中的琐碎小事，不可能"两耳不闻窗外事，一心只顾做投资"。

换句话说，投资是我们生活中的"副业"。

从这个角度说，解决时间问题，其实就解决了认知、效率和概率的三大问题。

1. 认知：知识获取效率的变革

有人说，认知的差距是难以追平的。这句话也对也不对，因为任何判断都是"程度"的判断。

我想提出一个看法——"知识平权"的时代已经到来：在社会科学领域，大家能够更容易地达到"初级专家"的水平。

归根结底，认知是需要时间去积累的，有个定律叫"1万小时定律"，一个人把足够的有效时间投入到某个专业领域中，是可以逐步弥补认知不足的。

比如，《不止金钱》的正文中就提到，一个人从毕业到成为某个行业的专业投资分析师，大致也需要积累 1 万小时的经验。其中，有很多时间我们会花费在学习各种经济学、投资学知识上。

而对 DeepSeek 的合理使用可以让我们缩短这 1 万小时。我想，今后或许会有 "8000 小时定律""5000 小时定律"，甚至用时更短的定律。

一种非常明显的"认知拦路虎"是什么？就是那些让人发怵的术语——投资圈喜欢做的一件事，就是用晦涩的词描述一个普通的现象。

过去，我们去网络百科搜索这些术语，读了三遍，还是没懂。为什么？因为既没有上下文也没有案例，那些定义没有说"人话"。

举几个例子：夏普比率、贝塔系数、费雪效应、流动性陷阱、尾部风险、动量效应……

是不是看着都云里雾里的，更不用说听别人讲了？过去，要搞明白这些东西，需要去找个"专家"，听他讲几个案例，说不定还需要交一些"咨询费"。而今天，你打开 DeepSeek，就可以持续地提问、持续地索要案例，而且，DeepSeek 不会厌烦，也不会给你甩脸色。

比如，我向 DeepSeek 输入：假设你是一个投资分析师，正在面向刚接触投资的客户讲课，需要讲明白什么是"贝塔系数"，而且要搭配丰富的、易懂的案例。请写一篇讲稿。

然后，DeepSeek 会给出一份讲"人话"的分析稿。你可以自行尝试。DeepSeek 会使用很多初学者能理解的比喻，娓娓道来，像一位老师在对高中生授课，而不会使用生硬的风格。

不要过于兴奋，它肯定不会让你用 5 分钟、1 小时或 1 天就成为专家。任何辅助工具的能力，都是有边界的。

2. 效率：信息处理能力跃升

我相信大家都有过这样的体验：被淹没在海量数据中，信息过载。

这其实是两个话题。

一是信息数量多。每天，各种渠道（尤其是自媒体）都在向我们灌输各种信息。

二是信息的"厚度"大。比如，一份几十页的研报、一份上百页的公司财务报告，对普通人来说阅读起来很费劲。（虽然研报是面向专业投资者的，但现在也有很多研报传播的渠道，所以它们的获取难度很低，同时，很多财富管理机构也会面向大众发布某些主题的研报。）

举个例子，我手中拿着某机构发布的《2024年全球宏观展望和投资策略》（出于合规，我对它的名字做了改动），报告有50多页，覆盖了中国、美国、日本、印度等重点市场，又涉及股票、债券、大宗商品的分析。我要是把它认真读完，大半天就没有了。

现在有一个更简单的方法：把文件发给 DeepSeek，然后告诉它"阅读、提炼、总结"，即可快速完成全文概览。这就解决了信息"太厚"的问题，我们把"厚"变成了"薄"。

而信息数量多，怎么能提高我们的效率呢？目前，我觉得 DeepSeek 还不能很好地处理这一点，主要原因是它的"个性化"和"及时性"不足，不能做到"智能过滤"信息，这一点后文会提到。

但是，至少它能做一件事，就是在信息的茫茫大海中，帮我们捞"针"——类似于搜索，只寻找我们指定的信息、数据。当然，可能需要搭配其他的 AI 工具。试想一下，曾经我们要去搜索引擎上搜几十页才能汇集到的数据，现在可以在几分钟内获得了。

3. 概率：决策质量系统提升

做投资，本身就是一个概率游戏，可以说，拉长周期看，绝大部分人的胜负概率五五分，这个规律要记住。

我们梦寐以求的事，无非是提高"胜"的概率。

DeepSeek 作为一个助手，在我的体验中，确实能从两个方面提高"胜"的概率：在有限的时间里，一能减少主观的偏见，二能减少客观的盲点。

什么是主观的偏见？就是个人喜好，它在投资中太常见了。有些人就喜欢投消费股、就喜欢茅台，别的都不看……

这些人，都是先有出发点，再做研究。当人们自己有偏好时，结论就会向偏好靠拢。研究还没做，结论已经有了。

人性使然。

什么是客观的盲点？

能力圈的边界，会限制我们做更全面的分析，因为超出边界的东西我们不懂；情绪的边界，也会导致视野盲点。试想一下，在非常激动、过度自信、异常悲观等状态中，你还有余力和动力去做更全面的分析吗？

更可能的情况是，脑袋一拍，"我都懂了"，以为自己已经进行了全面思考，只想赶紧"买买买"。

这时，客观的盲点就出现了——不是我们不想看到它，而是确实没能看到它。

以前我是怎么解决这个问题的？找对手盘、找对立方，作为我的补充，这就是团队的价值——有好几个人站在我的偏好的对立面，作为我视野范围的补充。这个方法有效，但它的成本高，对普通人来说不太适用。而且，只要是人，都有自己的偏见。

现在，有了 DeepSeek 这样说起话来挺温暖，本质上却十分"冷酷"的机器，你让它全网搜索、多面核实，它就会一板一眼地去做。它只会按照你的"提示词"完成逻辑推理、证据搜寻，而不会"主观"判断什么可以给你、什么不愿意给你。如此这般，在很多研究任务上，我发现在多数时候，它比"人"更有效。

当然，它的成本也比招聘"团队"低很多，对普通投资人来讲，找到这样一个对手盘、对立面来完善自己的"视野"，提高"胜率"、提示"风险"，岂不乐哉。

二、工具篇：你的专属投资助手

读完上一篇，相信你在观念层面上已经懂了，下面，我们来讨论一些具体的案例——如何让 DeepSeek 帮你实现"科学投资"。

1. 新手也能懂：用 DeepSeek 分析财报和研报

巴菲特有一个成功投资的"秘诀"，就是大量阅读公司的年报。在那个还没有互联网的时代，他会买几百页、上千页的年报，带回办公室，花上好几天的时间慢慢读。

年报，就是公司的年度财务报告，在 AI 助手出现之前，读起来确实挺费神的。接下来我们就从如何"读"财报入手。

有券商做过的研究测试，发现 DeepSeek 可以在 3 分钟内对 500 页的上市公司年报完成关键信息提取，准确识别管理层讨论中的风险提示条目，并生成可视化程度达 87% 的摘要报告。

不过，我们一定要自己试试。我下载了一份宁德时代公司 2023 年的年报作为示例。

我输入的指令如下。

假设你是一位投资分析师，请仔细读取宁德时代公司 2023 年的财报，并总结提炼这一年里：

（1）公司实现了什么突破、进展，有哪些业务上的亮点，它们如何反映在财务数据上；

（2）同时，公司遇到了什么困难，准备如何解决？

（3）对未来的业务发展，有什么展望？会有哪些亮点值得我们关注？

DeepSeek 用了 50 秒，就将年报中的要点提炼了出来，总结成了简短的回答。你也可以试一试，看看 DeepSeek 会给出什么样的回答。

我接着问：关于研发投入，最近几年有什么变化？产生了什么效果？

DeepSeek 用了 20 秒，很清晰地回答了上述问题。如果我自己去总结，虽然我已经属于"熟练工"了，但也要 1 小时吧。

如果和人工对比，我的感受是，研究员来做这件事，也会提炼这些数据和要点，区别不大。所以，在信息的完备性上，AI 大概已经没有问题了。

不过在表达上，AI 还是很精炼的，有时候略显

"生硬"。针对问题，它只给出了最直接的答案，而缺少更丰满的分析。这一点，或许与我直白的提问方式有关。如果大家使用特定的提示词、要求提供更翔实的分析，AI 的回答还可以改善。

还有一个疑问，我想很多人都会有：它提供的数据都对吗？AI 会不会出现"幻觉"？

我做了一个初步的检查，至少在使用 DeepSeek 回答的"文本范围内"的提问，没有发现"编造"的情况。AI 技术的迭代，一方面可能也体现在这里。如果真不放心，可以让 AI 给出原文的索引，这样方便检查。

接下来，是更有意思的地方：我把"联网搜索"功能点开，因为我想提出超越财报内容的问题：结合财报里宁德时代公司的研发情况，请你对比一下它的竞争对手们在电池研发路线、进展、技术实力方面的差异。

它的回答我就不展示了。DeepSeek 又在网络上找到了其他的研究，提炼加对比，用时不到 1 分钟。我评估了一下，我来做至少要半天的时间。

是不是比一个活生生的"助理"的效率还要高？而 DeepSeek 最大的贡献，就在于把这种信息处理工作，变成了"对话模式"，你只需要提问就行了。

（提示：在通常情况下，建议投资者尝试"分步提问法"——先获取对基础概念的解释，再要求案例分析，最后进行投资逻辑推演。）

2.语言不再是障碍：跨语言研究的无缝对接

你有没有遇到过英文信息想读却读不懂或读起来太慢的情况？

全球的投资市场是一个有机关联的整体，世界的变化经常影响我们的投资。所以，我们有必要去获取"一手信息"，也就是原文信息，避免依赖国内（自）媒体的二手翻译信息（经常会被断章取义）。

并且，我们时不时会看到一些国际大投行，比如高盛、摩根士丹利、瑞士银行等发布的英文研究报告，而我们又想了解外国人怎么看待某些议题，该怎么办呢？

从今天开始，尝试着直接去看原文吧。粘贴、复制，或者把原版英文文件发给 DeepSeek，提出具体的问题，它会用中文替你总结出答案。比如，我今年在总结"海外投行看中国"的主题内容时，就用 DeepSeek 阅读了大量的英文报告，逐一总结出观点、数据、证据。

曾经听说有的基金经理一天能阅读 300 份研报，极其勤奋。不过放在今天，普通人用 3 小时也能搞定。

此外，不仅仅是英文信息，换成大多数的常见外语，它们都不再是收集和阅读信息的障碍。当然，有些人会说，以前不是也有嵌入浏览器的"翻译软件"吗？关于这个，尝试过的人就明白了，以前的软件翻译水平还属于"中学生"级别，现在的 AI

的翻译和提炼的水平属于"研究生"级别，是时候"鸟枪换大炮"了。

3. 专业不是壁垒：把深度内容变得更简单

这或许是我最喜欢的 DeepSeek 功能了。

在投资领域里，除了术语晦涩难懂，还有很多辅助我们投资的"专业技能"，因为过于复杂，几乎不会被普通投资人接触到。

比如，今天我们就用一件事来举例。我想大家都会很好奇：如何给投资标的定价？

我们经常听到这位分析师说"这只股票目标价为 XX"，那位分析师说"某事发生后，我们上调目标价到 YY"。这就是对某只股票的定价，它是基于许多种假设条件，基于公司的财务报表，按照"估值模型"进行的计算。

我们就不深入探究细节了。在日常生活中，分析师们多是在电子表格里输入大量复杂的财务数据，然后通过嵌套公式，计算出最终的"估值"，这个估值就对应了股票的定价。

估值模型也有很多种，在此不一一列举，这不是我想说的重点。

重点是，过去一个分析师要花费很长的时间学习，才能掌握的估值模型计算方式，而今天，我们在 DeepSeek 的对话框里输入一个问题，就能得到答案了。

我在这里分享一个我的提问，仅供展示，不代表任何投资意见。

我的提问是："假设你是一个投资分析师，请你根据茅台 2024 年之前的财务报告和相关的数据，用现金流折现模型（DCF 模型），对茅台公司的股价做一个估值，并告诉我推理的过程、使用的假设条件，以及对最终定价该如何理解。"

最终，DeepSeek 给出了一个股票价格区间，按照它提供的股票定价的步骤，这个价格目标是 2305 元（此处只是为了举例）。

这个估值的过程，可能对大多数普通投资人来说过于复杂，而我想展示的是，过去很难的事情，比如离我们很遥远的股票估值，今天可能只需要 1 分钟，就能在你我的电脑上呈现了。

我简单看了一下 DeepSeek 生成的内容。

一开始的假设与参数、要素都齐全，基本上过得去，不过"提价预期"这个预判，如果让研究员来做，可能会保守很多。但这也不是问题，我们可以用对话的形式，让 DeepSeek 修正涨价的数值，重新计算。

而后续计算企业估值、股价目标的步骤都没问题，也比一般的人工计算速度更快。

最后，DeepSeek 还做了个情景假设分析，在乐观和保守的场景下，它给出的增长率其实比研究员人为来做更激进。这样看来，DeepSeek 似乎是比较乐观的，虽然它的每个步骤都正确，但在具体的假设、数值上，还需要人为进行调整。

比如，如果让我来设定数值，我会让 DeepSeek 把"保守的增长率"调整为 0。如果我的脑海里没有一个具体数字，我就会用提问的方式来修正：

- "请你回溯一下，过去 5 年，在白酒行业中，高端酒的利润平均增长率是多少？"
- "请用这个平均增长率打个 9 折，来计算保守情景的估值。"

你看，都不难，只需要输入大白话就行。

这只是专业研究中的一个案例而已，其他普通人不太常用的专业技能，我相信未来大家也会越来越容易上手。

真可谓："旧时王谢堂前燕，飞入寻常百姓家。"

4. 多种工具混搭，让新手快速成长

我们在这里只讨论了 DeepSeek，但你要明白，AI 工具不只有这一个，多种工具搭配使用，效率或许更高。

就举一个例子，DeepSeek 加上 Perplexity 就是很好的搭配（当然，截至目前，Perplexity 已经推出了嵌入 DeepSeek 的版本，可以无缝对接使用了）。我们可以先用 Perplexity 来收集最新的信息、数据，因为它的联网功能强大，然后用 DeepSeek 来处理、总结信息，让它们各自做最擅长的部分。

如果是本身就嵌入了 DeepSeek 的 Perplexity，会有一个很好用的功能，就是直接读取网络链接。它可以帮我们总结外文网站上的研究、分析，并以中文呈现。我们只需要粘贴链接本身，告诉它"读取链接里的新闻/研究/分析"，并要求它回答我们指定的疑问，大概 1 分钟之后，我们想要的答案就会以中文输出了。

还有很多其他的 AI 助手，它们适用的范围都不

同，我也鼓励大家多进行搭配尝试，不必限制在固定思维中，投资毕竟是门"杂学"，边界太广，研究工具或许是无穷尽的。

三、局限性：AI 不能解决什么问题

有一个话题，在收尾前我需要聊一聊：科技不能解决一切问题。

我们都想寻找投资之路上的捷径，但即使有了功能如此强大的 AI 助手，捷径也是不存在的。如果存在，那大概是一条泥巴路——里面都是坑。

既然普通人的投资能力能在 AI 的辅助下大幅提升，那么我们要问一个问题：有什么 AI 现在做不了，还是要靠我们自己做的事情？

1. 市场预测：无法对抗"黑天鹅"

一定不要用 AI 来做预测，这不是它擅长的领域。

作为一个推理模型，它能严丝合缝、条理清晰地列出每个思考步骤，找到信息、数据、观点等，但请注意，这不是一个预测模型。

我们做预测，通常基于对过往规律的总结，我们希望社会科学能如数学一般，按照特定的规律变化，有了 A，就能推导出 B。换句话说，基于过去的预测，是线性思维的产物，但不基于过去，我们又能基于什么呢？

所以，预测很难。举个具象的例子，在真实世界中，黑天鹅事件频频发生，有多少人预测到了？

而在一些突发事件的背景下，各种预测模型都会失效，AI 也会失灵（当然，人也"失灵"了）。最终，还是需要人随机应变，对投资市场的瞬间变化做出应对。应对黑天鹅事件，目前属于人的能力范畴。

我也有一句忠告：切勿用 AI 来预测股价、挑选股票。股票投资是带有预测性的，AI 能帮助我们理解一家公司，但不能预测一只股票的价格。

2. 话外之音：理解"潜台词"的能力有限

在投资过程中，我们经常需要调研、访谈、交流。

如果留意，你会发现每年的年度财务报告公布后，都会有上市公司组织公开的财报会议或者股东大会，接受投资人的提问。

是公开还是私下，这一问一答之间，就透露出了很多信息。

但是，人的表达是极其丰富的，同一句话，说话时的语气、语调、表情、肢体动作不同，真实的含义就不同。抛开表情、动作不谈，我列举几句调研时常听到的话，你可以来品一品，它们的含义到底是什么：

- 这个公司，我们长期看好，建议持有。

  （那到底短期看不看好？）

- 我们保持谨慎的乐观，认为风险和机会并存。

  （到底是谨慎，还是乐观？）

- 我们认为，事情在变好之前可能会变差。

  （那现在是该买入，还是该卖出？）

还有这句，是上市公司非常喜欢对外使用的话术：

- 公司面临短期的挑战，我们有信心。

  （到底有多严重？短期有多短？）

上面这些说法字面上的意思，并不是表达者真实的投资想法。这时，我们还需要点对点的交流，去摸清到底发生了什么。最常用的方法，要么是直接调研公司（对普通投资人来说太难），要么就是找交叉验证的渠道，比如竞争对手、产业链的上下游、公司的朋友。但即便如此，你也避免不了交流对象时不时地"绕弯子"。

如果简单地将文字、话语交给 AI 来处理，就会丢失很多信息，甚至歪曲相关内容原本的含义。投资也是一门沟通的艺术，除了用 AI，我们还要多出去走走！

3. 信息不对称：机构知道的我不知道

前文提到，每个人都有机会变成一个"初级专家"。

但是，信息不对称的情况在某种程度上会持续存在，AI 收集信息的能力再强大，也规避不了这一点。

如前文所述，有些信息出现在公开场合、有些出现在私下场合，比如，在一个饭局上，公司里的张三和王五谈天说地，正好聊到了行业发展的最新情况。这个情况，可能本身也不构成"重大内幕消息"，但确实能帮助我们更好地研究这个行业、判断公司的投资价值，可是，它不在网上的公开报道中，AI 也搜索不到。

这也是很多投资新手纠结的一点：我和机构之间的信息差这么大，我是不是就没法做投资？

这是个老话题了，我在其他地方也讨论过，借着 AI 这个话题，再进行一次解惑。

（1）信息差就是存在的，我们不能回避它，AI

也无法改变这个状况。

（2）在我们能遇到的绝大部分场景中，投资并不需要依靠信息差。盲目相信所谓的"内幕消息"，我见过的吃亏情况更多。

（还经常出现一个让人哭笑不得的状况："内幕"是真的，但投资者还是亏钱了。其中的道理，值得大家仔细品味。）

（3）使用 AI，虽然不能消除信息不对称，但可以加强我们对"对称"的那部分信息的理解能力，这或许才是有 AI 加持的优势。

有时候，我们总有剑走偏锋的想法，花了太多工夫去寻找"内幕消息"。其实，80% 的认知都隐藏在"对称"的信息中，我们只需要花 100% 的精力去研究透这 80%，就足够了。比如，不用老想着在政策出台之前，就去找渠道打听会出什么政策。不如把已经公开的政策研究透、把它的影响力搞清楚，很多投资的大趋势、投资点，都是在公开的信息下发酵的，而不是在小道消息里的。

那么，问题就被简化了。用好 AI、用好更厉害的工具，帮助我们理解好"对称"的信息，就足够满足我们的日常投资需求了。

四、总结：AI 助力我们成为"更强的投资人"

我们讨论了 AI 的种种厉害之处，也理解了它在投资上的局限性。

你有没有意识到，到目前为止，无论我们怎么使用，AI 都是赋能的角色，而不是取代的角色。我们经常说，技术变革要"颠覆"投资行业，其实不然。从什么角度讲，能更好地理解其原因呢？

投资其实包括两个环节，一个是研究，一个是决策。研究尽量讲究客观、全面、无偏、高效，这是 AI 发挥最大作用的地方。

而决策就更加个性化了，什么时候决定"扣下扳机"，每个人心中都有自己的判断。即使看完了同样一份研究材料，也会有人想买、有人想卖。

无论如何，最终承担责任的人都是我们自己，我们做出决策，我们享受盈利或者承受亏损，这些都不关 AI 的事。

哪怕是在相对纯粹的量化投资领域，也需要由工程师来人工框定 AI 运行的具体场景、模式，并不是把 AI 往那儿一放，它就开始往外"喷金子"了。

自 2022 年年底以来，AI 工具逐步在某些领域颠覆了人工重复劳动的模式，但是，在投资领域中，却迟迟不见"颠覆"二字，我想，以上情况就是原因之一。

所以，如果做个总结，我想说，会用 AI 的人，在同等条件下，会超越不会用 AI 的人，这是事实。放在自己身上也如此，今年会使用 AI 的我，与去年不会使用 AI 的我相比，我相信今年的我能做出更好的、更明智的投资决策。